Nella pancia del guerriero

Francesco Berre

ISBN 978-93-5610-053-4
© Francesco Berre 2022
Published in India 2022 by Pencil

A brand of
One Point Six Technologies Pvt. Ltd.
123, Building J2, Shram Seva Premises,
Wadala Truck Terminal, Wadala (E)
Mumbai 400037, Maharashtra, INDIA
E connect@thepencilapp.com
W www.thepencilapp.com

Author biography

Essere infinito

CONTENTS

Introduction

La malattia è uno stato d'essere.

Quando si è malati, il nostro io è malato, non soltanto il nostro corpo ma ogni parte, ogni cellula fino alla nostra anima.

Che voi siate credenti o meno, spirituali o completamente atei, questo libro nasce con l'intenzione di essere un aiuto per chi, come me, ha vissuto o sta vivendo con una malattia cronica addosso.

Epicuro usava dire: "Non è ciò che ti succede, ma è come reagisci a ciò che ti succede che determina la tua vita".

Qualsiasi malattia tu abbia, può essere curata. Altri prima di te sono guariti.

Non è quindi la malattia di per sè ad ucciderti o a farti vivere male. Il modo in cui reagisci alla malattia determina il tuo stato.

Dirò cose che per molti medici non sono giuste ed in linea con la loro politica in cui la malattia va curata esclusivamente bombardando il corpo di molecole chimiche (le medicine).

Non ho la presunzione di affermare ciò che ha funzionato per me è verità assoluta e può essere applicato a chiunque, ma è una strada che funziona e dalla quale si possono ottenere dei risultati. Gli stessi risultati che mi sono guadagnato in questi anni.

Non è l'unica strada, ce ne sono altre, più lunghe, più corte, più o meno dolorose, sicuramente individuali.

Starà al lettore valutare, interpretare e fare tesoro degli insegnamenti e consigli di cui il libro è pieno.

Essere malati cronici non è una scelta, diventare malati non è una scelta, non possiamo fare nulla quando il dottore ci comunica il nostro stato di malessere iniziale; ma ogni giorno dal momento in cui ci alziamo, abbiamo il potere di scegliere cosa vogliamo fare della nostra vita.

Possiamo scegliere di viverla secondo i principi, valori e credenze dettate da altri, oppure scegliendo di seguire la voce del nostro io che ci porterà alla realizzazione della più alta espressione di noi stessi.

Non abbiate paura di sbagliare, di fallire, di cadere perché la vita non si vive passivamente e non può essere tutta in discesa, ma va conquistata ogni giorno con l'ardente desiderio di lasciare questo mondo migliore di come l'abbiamo trovato.

Questo libro non è perfetto, semplicemente vuole essere di aiuto e se anche soltanto uno di voi potrà trarne beneficio, avrò raggiunto il mio scopo.

Non esitate a scrivermi o contattarmi per condividere le vostre esperienze ed opinioni.

La fortuna ci vede benissimo

Estrarre il dente del giudizio è un rito di iniziazione, passaggio dallo stato di ragazzo a quello di adulto. C'è questa antica credenza nella società: quattro denti che molte volte ritardano la crescita oppure crescono storti, racchiudano in loro un forte mistero impregnato di credenza popolare.

Abbiamo finalmente raggiunto un nuovo livello, siamo maturati e quei denti considerati superflui e a volte pericolosi, vanno estratti. Tutto ciò che nella vita è considerato pericoloso va estratto, oppure soppresso, ma a volte bisognerebbe saperlo accettare.

Chi ha tolto i denti del giudizio, sa benissimo il dolore che si prova durante l'operazione, ma anche il tremendo sollievo una volta estratti.

Nella prima fase, soprattutto se c'è un'infiammazione del dente, o della gengiva, si provano dolori lancinanti, fino a quando distrutti e privati del sonno si va dal dentista, che dopo aver prescritto i soliti anti infiammatori e gli immancabili sciacqui con acqua e sale, aspetterà la fine dell'infiammazione prima di procedere con l'estrazione.

Non quella della lotteria, quella non si vince mai.

Ma nel mio caso, in questa particolare estrazione, sono stato premiato, ho vinto un premio che non mi sarei mai sognato, grazie ad una serie di reazioni a catena inimmaginabili ed inspiegabili dalla scienza, oggi posso dire di far parte di quella stretta cerchia di persone baciate dalla fortuna.

Ma che cosa è davvero la fortuna?

Gli imprenditori e coloro che considerano aver avuto successo nella vita, dicono che la fortuna sia l'incontro tra capacità e preparazione con l'opportunità. A 22 anni però non sapevo tutto questo, ed avevo ancora 3 denti del giudizio da estrarre. Come potevo conoscere quale fosse il significato della vita, come dal dolore si possa trovare la forza per migliorare la propria esistenza e quella di tante altre persone.

A posteriori tutto ha un senso, tutto trova la giusta collocazione, perfettamente esatta, come del resto qualsiasi cosa che ci circonda. Se si ha il coraggio di aprire gli occhi e di accettare la realtà come unica fonte di vita, qui e ora.

Dunque, mi sedetti comodo ed imbottito già di medicine dal giorno prima, sulla poltrona del mio più caro amico che non a caso, è anche il migliore dentista della regione, con il camice verde, in una stanza in cui i pinguini si potrebbero riprodurre.

Con gli occhi languidi e luccicanti, ed il terrore che trasuda da tutti i tuoi pori domandai: "sentirò dolore?".

E lui rispose: "Certo che sentirai dolore, dove pensi di essere al centro massaggi cinese?" con un sottile ghigno di chi sa bene che in quel momento ha i pieni poteri sulla tua esistenza. Tu sei completamente nelle sue mani e non in quelle di una massaggiatrice (qui potrei divagare anche sulle diverse pratiche di massaggi orientali, ma ne parlerò nel dettaglio più avanti).

Poi aggiunse, con gli occhi di chi con amore non vuole vederti soffrire:

"No, sentirai solo un pizzico, la puntura dell'anestesia e ci vorrà mezz'ora, vedrai che presto starai meglio di prima!"

In effetti, aveva ragione. Alla fine sono stato davvero meglio, ma, è lo spazio tempo che ha sbagliato, non c'è voluta mezz'ora ma ci sono voluti 10 anni.

La miccia

La vita a 22 anni, per chi è nato in una piccola città di provincia è molto noiosa. Ci sono sempre le stesse facce in giro, i soliti quattro o cinque locali in cui andare il sabato sera, i giornali vomitano notizie di cronaca cercando sempre di esporre sulla locandina il titolo che colpisca il nostro cervello rettiliano per invogliarci a comprare della carta inutile. I più fortunati se ne vanno a vivere nelle città dove si impara a sognare in grande come Milano, Roma o magari Londra, ma in provincia la massima aspirazione è quella di godersi la pensione e morire sul letto contornato dai parenti, come recitano le tante locandine appese sempre a lato delle chiese, ricordandoci che la morte è lì, dietro ogni angolo, e non possiamo scappare perché prima o poi come recita il gergo dei poveri: "tocca a tutti".

Diventare dottore, ingegnere o architetto significa far parte della prima classe sociale del paese, poi ci sono gli insegnanti e tutte quelle professioni come i commercianti, che da quando hanno aperto i centri commerciali non se la passano mica tanto bene come negli anni 70 e 80 dove vivevano nella ricchezza in grandi ville o nel centro storico. Infine la classe operaia fatta di lavori umili come l'idraulico, il manovale nei cantieri o il contadino, chi si spezza la schiena. Lavori considerati umili ma del quale in futuro ci sarà sempre più bisogno e se svolti con spirito imprenditoriale saranno anche quelli maggiormente remunerati (strana la vita oggi).

Gli imprenditori sono mosche bianche ma presenti, solitamente visti come "baciati dalla fortuna" dalle masse oppure quelli che hanno ereditato l'azienda famiglia senza essersela meritati, girano con i loro macchinoni nuovi fiammanti suscitando l'invidia del popolino.

I politici sono al di sopra di queste classi, spesso persone che appartengono alla prima classe ma si credono molto al di sopra, per cui utilizzando le loro doti comunicative (naturali o astutamente apprese) mixandole alla loro coscienza senza scrupoli (non tutti, ma la maggioranza), si ergono a paladini della giustizia e guidano il popolino verso un futuro migliore, anche se alla fine finiscono sempre per arricchirsi a spese dei contribuenti. In campagna elettorale però, giurano, avrebbero fatto solo ed esclusivamente gli interessi degli elettori (ma ancora ci credete?).

Solitamente, se inizi in una classe, muori nella stessa. Questo è ciò che ci hanno insegnato a scuola con l'educazione del piccolo paese. Anche perché i nostri politici quando arrivano in parlamento non lo lasciano più fino alla morte.

Chi fa il Liceo Scientifico diventa un matematico, un biochimico un ingegnere, chi fa il classico o diventa dottore oppure un filosofo disoccupato, chi ragioneria un ragioniere oppure un commercialista che si impegnerà a trovare modi per far pagare meno tasse ai politici e alla prima classe. Se poi fai gli istituti di specializzazione sai già che alimenterai il grande bacino di ignoranza della terza classe.

Mio nonno materno, era un dottore molto stimato in città, conosciuto e amato da tanti; mia nonna un'insegnante di scuola media rispettata e famosa per la sua bellezza da giovane.

I due figli maschi entrambi in prima classe, un dottore chirurgo ed uno dei veterinari più famosi in regione. Però mia mamma, dalla sua privilegiata prima classe, forse con il vento delle manifestazioni sessantottine e del clima di cambiamento e ribellione si va a sposare con un figlio di contadini.

Mio nonno paterno, che purtroppo non ho conosciuto come avrei voluto perché se ne è andato troppo presto, ha sempre vissuto in campagna, a contatto con la natura e le tradizioni legate alla terra. Insieme a mia nonna hanno lavorato duramente nei campi e costruito una grande casa in una località che al tempo era considerata fuori dal benessere del paese, ma che ora viene presa d'assalto dalla prima classe per godersi pace e tranquillità nella natura.

I miei nonni paterni non hanno mai avuto i privilegi della prima classe, ma di certo hanno avuto un sogno, una visione, ed hanno sempre lavorato duramente, ogni giorno, per realizzarla, riuscendoci.

Da questa unione tra prima e terza classe, in un piccolo paese di provincia bilanciato al centro dell'Italia, vicino al mare e non troppo lontano dalle montagne, sono nato io: cristiano battezzato cattolico ancora prima di poter dire "ma veramente avrei qualche dubbio e qualche domanda sulla religione e sul vostro predicare bene e costruire un impero con le offerte delle persone ignoranti che ha potere nelle scelte di nazioni ed economie mondiali".

La società ce lo ricorda sempre, la vita è breve, per cui devi darti da fare, andare a scuola, fare sport, avere amici ma quelli buoni, fidanzarti, sposarti, fare figli, lamentarti dei figli, ringraziare dio perché i figli si prendono cura di te e poi morire.

Dopo tutto, questo è il corso della vita, ma a volte qualcosa non va, come dovrebbe andare.

Così come il naturale percorso di un laureato in Scienze Motorie come me, dovrebbe essere quello di diventare professore di educazione fisica a tempo indeterminato.

Nelle menti della massa, laurearsi in Scienze Motorie significa non essere una persona particolarmente studiosa, perché chi fa sport non può essere anche studioso e soprattutto aspira a diventare un professore che legge il giornale durante la sua lezione.

Uno dei tanti misconcetti di cui la nostra società è piena, e che condizionano la nostra esistenza anche soltanto di riflesso.

Quando ti laurei, hai sempre un po' di ansia, indipendentemente se la tua laurea serva a vendere patatine (come è stata più volte considerata la mia), salvare vite umane o costruire palazzi. Nel momento finale, in cui sai che tutti i tuoi sforzi verranno valutati, ci sono tante persone che si aspettano da te il massimo e non puoi deluderle, altre che vorrebbero vederti fallire e gli vuoi ridere in faccia. Lo stomaco, l'intestino, la mente sono sotto un grande stress di stimoli psicofisici. Più avanti con l'età scoprii che in realtà l'intestino è considerato il nostro secondo cervello in quanto in stretta connessione tramite cellule nervose con la nostra mente, ma al tempo non mi ero mai soffermato su cosa significasse prendersi cura realmente del mio corpo.

Miliardi di segnali biochimici vengono lanciati e ricevuti giornalmente senza che noi ne abbiamo idea, in automatico. Il nostro corpo è così perfetto che ormai non ci accorgiamo più della magia che accade ogni secondo e diamo per scontato il funzionamento della nostra macchina senza preoccuparci di nulla, o quasi.

Può sembrare meravigliosa (lo è) ma ci porta anche a non dare importanza al nostro corpo, in quanto sappiamo che continuerà a funzionare, quindi siamo incuranti di tutti quegli stimoli esterni a cui ci sottoponiamo giornalmente. La società ci ha aiutato a creare una corazza, uno strato protettivo, purtroppo fatto di pregiudizi ed ignoranza che ci serve ad affrontare la vita nel nostro corpo ma assolutamente inconsapevoli di chi realmente siamo.

Viaggiare in macchina due ore per parlare 5 minuti con un professore che non sembra curarsi di te, ricerche più o meno scientifiche per giustificare come quello che stiamo scrivendo abbia un senso e la paura che tutto ciò non servirà a nulla nella vita (nel 99% dei casi, la tesi che scriviamo non serve assolutamente a nulla), perché si dopo la laurea c'è il mondo vero che ci aspetta, quello del lavoro! Si va ciecamente, anzi con fretta e desiderio verso il passaggio dalla schiavitù del mondo dell'istruzione tradizionale alla schiavitù del lavoro tradizionale, che meraviglia!

Allora immagiamo il giorno che con un dente del giudizio infiammato, i pensieri della tesi, una storia d'amore finita, la perdita di una nonna tanto amata, un lavoro da tirocinante pagato 50 euro al mese neanche sufficienti per fare il pieno di benzina ma che impegna ogni pomeriggio e qualche mattina, ci prepariamo ad affrontare ogni giornata con la consapevolezza che sarà un altro giorno di merda, e l'unico strumento che la società ci ha dato fino a quel momento per aiutarci è:

prendi le medicine per stare bene, se c'è qualcosa che non va nella tua vita vai in chiesa, chiedi aiuto a Dio, Gesù alla Madonna oppure ai santi (in questo ci hanno lasciato liberi di scegliere), accendi un cero, di una preghierina (magari confessati pure tante volte le tue sfortune siano dovute al fatto che ti fai troppe seghe), fai chiaramente l'offerta cosi ci sono più possibilità che le tue richieste vengano esaudite (e magari aiuti il povero Cardinale a comprarsi il superattico ad un prezzo di favore).

Nonostante tutte le preghiere e le medicine, il dolore mischiato ad insoddisfazione c'è sempre, anzi, è ancora più forte!

Il problema è che ora, oltre al dolore dovuto al dente, se ne è aggiunto anche un altro, nuovo, strano, subdolo che non abbiamo mai sperimentato prima con questa ferocia e brutalità (specie noi maschietti). La pancia.

Diploma di malato cronico

Ecco che una semplice giornata, in cui con la famiglia si va a vedere la finale di pallavolo a Pesaro dove la Lube diventa campione d'Italia, può rappresentare l'inizio di un incubo.

Fermarsi in Autogrill durante un viaggio è abbastanza comune per tutti, ma, farlo ogni 15 minuti con dolori lancinanti è un segnale di squilibrio interiore. O meglio, di malattia.

Da quel giorno la mia vita è cambiata, ho dovuto affrontare una condizione cronica che secondo il parere degli scienziati, ah no scusate, dei medici mi avrebbe accompagnato per tutta la vita.

A 22 anni, nonostante si possa pensare di essere nel pieno della forma fisica ed al massimo della vitalità, per me, non era affatto cosi.

Il Lunedì mattina mi presento puntuale all'appuntamento col dottor Salmozzi, lo specialista migliore della regione sulle malattie gastro enteriche. Dopo avermi ficcato un dito nel culo, perplesso disse, dobbiamo fare un esame strumentale! Bene

La colonscopia mi ha fatto conoscere due mondi al tempo a me ancora sconosciuti: quello del sesso anale e delle droghe, visto che mi fu fatta una buona dose di morfina, perché a volte bisogna essere incoscienti per fare certe cose!

Una cosa la ricordo molto bene però, durante la simpatica procedura, il dottore mi chiese se avevo avuto esperienze con transessuali. Non capii al momento questa strana domanda, ma in effetti aveva un senso: avevo delle ferite all'interno dell'intestino o meglio del retto.

La biopsia e gli esami strumentali dichiarano con precisione, scienza medica e professionalità la diagnosi del mio ano, ops del mio caso: retto colite ulcerosa meglio conosciuta come RCU.

La scienza medica prima fa una diagnosi che è legge ed inopinabile da chi chiaramente si affida ciecamente, e poi rilascia la terapia: medicine (mesalazina), cortisone (in schiuma rettale), salva stomaco (perché chiaro che la terapia fa "bene" all'intestino ma non cosi bene allo stomaco), una dieta senza verdure per non infiammare ulteriormente l'intestino già messo male. Per non farci mancare nulla anche punture nello stomaco, non ricordo bene per cosa, ma erano necessarie. E come ultima indicazione evitare sforzi ed attività fisica, non si sa mai che possano fare male!

Dopo due settimane chiuso in casa perché andavo in bagno circa 20-30 volte in 24 ore, la condizione migliorò leggermente dopo i 14 giorni di schiuma rettale che in effetti sfiammò il colon.

Ora potevo uscire, ma dovevo sempre stare all'erta ed essere pronto ad andare in bagno il più velocemente possibile per non farmela sotto!

I miei amici ormai non mi vedevano più il sabato sera. Preferivo stare a casa, al sicuro. Con il bagno trasformatosi nel mio migliore amico nonché la mia ancora di salvezza, di giorno, di notte, e i dolori lancinanti a farmi da compagnia.

Ecco che allora arriva il secondo ciclo di terapia perché i dolori sono ricominciati e le urgenze aumentate. Se il primo ha funzionato, facciamo il secondo. Risultati? Molto pochi, ma dopo altre 2 settimane della piacevolissima schiuma rettale, l'infiammazione sembra essere diminuita.

Ma allora perché continuo ad andare in bagno più di dieci volte al giorno rischiando più volte di farmela sotto?

Questa è la risposta del Dott. Salmozzi:

"Bhè, è la condizione che rappresenta i malati di colite ulcerosa, vedrai che con il tempo diminuirà e ci potrai convivere normalmente."

Non dai molto peso a queste parole, non analizzi bene il significato di "convivere con una malattia, (a vita)" d'altro canto nella nostra società occidentale non siamo abituati a riflettere troppo sulle cose che ascoltiamo o vediamo.

Il dottore ha detto, l'avvocato a dichiarato, il Presidente ha garantito, la TV ha annunciato ecc.. non ci facciamo troppo caso, le prendiamo per verità assolute perché fondamentalmente siamo ignoranti e pigri.

Quindi, mah, se l'ha detto il dottore.

Perché dovrei convivere con una malattia? Perché non c'è ancora una cura definitiva? Come inizia la malattia, quale è la causa specifica e certa?

Non lo sappiamo, si pensa sia una predisposizione genetica. Ci avete mai fatto caso a quando le persone non possono spiegare le cose? Si inventano favole, storie, scuse per giustificare la loro impreparazione.

La medicina? Da la colpa alla genetica. E' morto d'infarto, ha avuto un ictus, si forse era predisposizione genetica, ha il diabete… anche suo padre ed il padre di suo padre ed il nonno della sorella dei suocero lo aveva, è predisposto.

La cosa più semplice da fare in questo mondo: dare la colpa a chi non si può difendere.

Per fortuna oggi, grazie agli studi di una nuova scienza denominata Epigenetica, possiamo dire che ognuno di noi è unico ed in grado di riscrivere anche il proprio codice genetico.

R.I.P libertà di nascere liberi

Quando sei bambino ti dicono di andare a catechismo, ogni sabato un ora almeno per ascoltare la parola del signore.

Non puoi capire a 10 anni cosa sia davvero la vita, o meglio lo sai benissimo dentro di te, ma quella visione pura viene sconvolta, rivolta e accecata da chi ha paura.

Paura di perdere il potere, il controllo sulle masse, è la stessa paura di chi è malato di colite ulcerosa, perdere il controllo delle proprie feci, e farsela addosso, in pubblico. Suscitando indignazione, repulsa, giudizio delle altre persone e senso di inferiorità.

La libertà di espressione ci viene tolta dalla società che ci vuole tutti uguali. Solo alcuni sapranno dare ascolto alla propria voce creativa non curante dei giudizi degli altri.

C'è un bagno qua

All'inizio di una malattia, non sai bene come finirà, lo puoi soltanto sperare.

Ma quando ti dicono che questa malattia non finirà mai perché è nei tuoi geni, che cosa puoi fare se non rassegnarti?

Ecco che allora gli esperti di famiglia si sbrigano a trovare altri esempi a supporto per rincuorarti (ma allo stesso tempo confermare la tua sfortuna e condizione), per non farti sentire l'unico a stare male. Vieni quindi a conoscenza di zii e cugini fino a terzo o quarto grado, parenti mai sentiti se non sui libri di storia con (guarda caso) la tua stessa malattia.

Quando nessuno intorno a te ragiona con una mente vergine e funzionante, è molto dura riuscire a vedere le cose con il terzo occhio, l'occhio del guerriero.

A cinque mesi dalla laurea, non puoi fermarti, nonostante tutto.

Sebbene sia diventato normale scappare in bagno, o farsela sotto quando il bagno non c'è, continui la vita cercando stratagemmi per non perdere di vista i tuoi obiettivi.

La preoccupazione principale di ogni malato di colite ulcerosa è dove sia il bagno, chi è in bagno, come faccio se il bagno è occupato? Questi diventano pensieri fissi, primari, vitali, in ogni luogo in cui ci si trovi al momento. Sia a casa, al ristorante, in autogrill oppure in un negozio. Il malato di colite è sempre all'erta, perché sa che la cacca ci ricorda del nostro stato di malattia, e ah dimenticavo, è una situazione cronica, per cui dovremo accettare che sia cosi per tutta la vita.

Gli esperti dicono che un giorno andrà in remissione. Significa che la colite si calmerà, ma attenzione, potrebbe riprendere ed infiammarsi in qualsiasi momento, perché è una malattia cronica! Per cui è necessario prendere tutti i giorni 4-6 pasticche di Mesalazina solamente per precauzione!

Cioè un prevenire è meglio che curare anche se prendendo le medicine non si ha la certezza che poi non ritorni!!!

Si può paragonare allo stato che chiede le tasse ai portatori di partita iva con un anno di anticipo!

Non curandosi di quanto possano fatturare in quell'anno.

La nostra società purtroppo lucra da chi ha un problema cronico, per cui più malati ci sono e più chi ha potere guadagna, welcome to the capitalismo my friend!

La malattia non indebolisce soltanto il fisico del malato, ma soprattutto la mente.

Io sono sempre stato un ragazzo particolare, brillante ma allo stesso tempo considerato non studioso, più interessato allo sport che alla scuola, ad essere creativo e sognatore che a seguire la folla. E' stata la mia passione per lo sport ed il mio carattere intraprendente e fuori dal comune, che mi ha salvato dalla malattia e mi ha portato lontano.

24

Viaggiare oltreoceano con RCU

Quante persone avrebbero mollato? In quanti con la scusa di farsela addosso avrebbero rallentato, magari laureandosi l'anno successivo?

Non lo so, ma io no. Nonostante ero molte volte debilitato e impossibilitato a fare ciò che avrei voluto, ho concluso la stesura della tesi in tempo ed il 5 Dicembre 2005 mi sono laureato con 104/110 presso l'Università Carlo Bo di Urbino in Scienze dell'attività Motoria. E' strano pensare che 16 anni fa non avevo la minima idea di ciò che avrei fatto con quella laurea!

Stavo già allenando il minibasket e la pallavolo, per cui mi sarebbe piaciuto diventare allenatore. Ma non riuscivo a vedere realmente il significato della vita e la missione che ognuno di noi ha.

Nessuno mi aveva mai fatto capire o istruito che tutto è possibile nella vita, siamo noi a manifestare ciò che desideriamo. Forse la religione così dannatamente forte e radicata in Italia (specie nelle classi sociali più deboli) insieme alla società, hanno oscurato questo piccolo particolare che può cambiare per sempre la realtà degli individui e l'umanità.

Vivere la propria vita per avere un buon lavoro, sposarsi, comprare una casa (o meglio, indebitarsi con le banche per comprare una casa di cui poi non saremo mai soddisfatti perché non bella come quella dei nostri amici o di quelle da sogno che si vedono sui Socials), avere dei bambini e morire in un letto di ospedale dopo 20 anni di pensione passata tra ospedali e dottori mentre il pomeriggio si guarda la TV. Non è una prospettiva che mi si addice, ma è il comune stile di vita italiano che la nostra educazione ci indirizza, quasi ci obbliga a seguire.

Con questo spirito un po' ribelle, incosciente ma soprattutto ignaro del futuro mi lanciai verso il mio sogno americano.

Con un po' di fortuna, ma anche qui voglio ricordare che fortuna significa essere preparati nel momento giusto (ed io lo ero), riuscii a vincere una borsa di studio presso l'università di New Paltz (New York) e dopo un mese dalla laurea, nel giorno del mio compleanno, il 17 Gennaio 2006 partii per il mio primo viaggio in USA.

Un sogno che magicamente si materializzava.

A 20 anni credevo che soltanto comprare un biglietto per gli Stati Uniti significasse essere ricco davvero! Oltretutto partire con due grandi valigie come volessi portarmi Osimo con me e gli immancabili sapori della cucina marchigiana (il ciauscolo in primis).

L'inesperienza, l'ingenuità e chiaramente la colite ulcerosa, mi hanno contraddistinto al College. Un mondo totalmente diverso.

Il mio inglese non era certo quello che parlo oggi, e non potevo capire il 50% di ciò che quelle strane persone, gli americani, dicevano.

Ma non importa, tenevo duro, so che ero li per imparare. Incontrai per la prima volta ragazzi da tutto il mondo.

Condividevo la mia camera con un sud coreano molto intelligente ma che non parlava per niente inglese (era venuto per studiarlo) ed era più timido di me, andammo subito d'accordo!

La cosa positiva è che non disse nulla quando la sera prima di addormentarmi mi inserivo una canula nel culo per ricevere la dose di schiuma al cortisone che tutti i malati di colite conoscono (ed apprezzano) molto bene.

Poi c'era Ammon. Un programmatore di computer abbastanza squinternato che amava fare festa ed ubriacarsi, un classico "party animal". E come dimenticare un lungagnone delle fattorie del Wisconsin, bianco più della mozzarella di bufala, che di camera stava con un altro sud coreano ma forse era nord coreano, che aveva portato dei kimchi (probabilmente della nonna) che puzzava tremendamente.

Un giorno arrivarono quasi allo scontro fisico, ricordo che entrai nella nostra zona comune e c'era lo spilungone con una radiolina comunicava a non so chi (sicurezza del campus?) ed il coreano secco secco con questi occhiali di 2 centimetri ed una stecca da biliardo in mano urlante!

Soltanto l'arrivo dell'altro coreano che faceva da traduttore (anche se entrambi non parlavano quasi nulla) e della sicurezza del campus pose fine alle discussioni.

Infine il lungagnone se ne andò e cambiò appartamento. Per me fu una prima lezione, fare attenzione agli asiatici.

L'inserimento al College americano fu più facile grazie a due ragazzi italiani che conobbi perché facevano parte del mio stesso programma di scambio e venivano dall'Università di Urbino come me.

Una cosa che capii subito è che all'estero noi italiani ci sentiamo sempre molto uniti, fieri di essere italiani, portatori dell'italianità sempre molto ben vista in tutto il mondo (allegria, creatività, moda, calcio e buona cucina), nonostante in Italia ci scanniamo tra nord e sud, all'estero queste barriere e differenze si infrangono e diventiamo tutti emigranti.

Siamo tutti allo stesso livello. Italiani all'estero, ed abbiamo più o meno tutti una cosa in comune.

L'Italia è un paese bellissimo, meraviglioso per paesaggi, arte, cultura e tradizione, ma non per viverci. Perché? Ci sono troppi italiani.

L'italiano all'estero è diverso. L'italiano all'estero è ospite in un paese straniero, e sebbene la nostra storia con il grande Impero Romano ci vuole un popolo forte, conquistatore, solitamente partiamo in vantaggio in un paese con cultura diversa dalla nostra, rispetto agli altri popoli siamo visti sempre con grande e profonda, reale ammirazione.

L'Italia è amata, tanto, ovunque si vada: l'alta moda, la cucina, il calcio, i motori con la Ferrari e Valentino Rossi, ci fanno sentire orgogliosi di essere italiani, ma siamo ospiti, e per mantenere l'equilibrio ed il rispetto ci uniformiamo alle regole, rispettandole (purtroppo in Italia invece, spesso non le rispettiamo per nulla).

Ecco, sentirsi italiani all'estero è una sensazione bellissima ma più passa il tempo più si perdono le caratteristiche di italiano e si diventa una razza intermezza quasi bastarda di Italiano che ama ed odia il proprio paese. Perché capisce che cosa non funziona in Italia, vorrebbe urlarlo, aiutare il paese a cambiare in meglio, ma poi alla fine, sa già che l'Italia non cambierà mai, e si fa i cazzi suoi…all'estero.

Tra vaschetta e pannolone

Quando sei malato di colite ulcerosa, la vita non è bella. Non importa quanti soldi hai, dove sei, cosa stai facendo. La vita fa schifo, ecco, diciamo che fa cagare!

Non riesci ad essere davvero felice per quanto ti sforzi di esserlo, semplicemente perché hai sempre un pensiero fisso. Dove sta il bagno? C'è qualcuno in bagno? Come faccio se mi scappa e non ho il bagno libero?

Ricordo una strategia che utilizzavo in macchina. Avevo ideato una vaschetta "salva vita", cioè un contenitore con della carta da cucina o meglio alluminio, sempre pronta sotto il sedile per le emergenze.

Ecco che durante i lunghi o brevi viaggi, quando non potevo arrivare all'autogrill, oppure ero in città e non potevo farla per strada, la vaschetta mi ha salvato (onore alla vaschetta) dal cagarmi nei pantaloni.

Ero diventato un grande esperto, un po' lo stesso concetto del pappagallo in ospedale quando non ti puoi muovere, ma a volte riuscivo anche a guidare mentre la facevo! (do not try this at home). Certo non è piacevole, ma era l'unico modo per trovare un pò di coraggio ed avere una sicurezza in più per non farsela completamente addosso.

Una sera, stavo andando al concerto di Noel Gallagher a Firenze, Noel uno dei miei idoli musicali da sempre. Il chitarrista degli Oasis live! Sembrava tutto perfetto, avevo ampiamente cagato prima di partire, ma ecco che proprio appena arrivato vicino il palazzetto di Firenze, mentre stavo cercando parcheggio, l'ansia dell'attesa mista probabilmente all'incertezza del non trovare parcheggio ed arrivare in ritardo fece scattare l'urgenza! Devo cagare ora!!! Ora, in questo preciso istante!

Non avevo altra scelta, sebbene una parte di me mi diceva di farmela addosso, di accettare la mia condizione di malato e tornare indietro, c'era un'altra parte di me non poteva accettare la sconfitta a due passi dall'arrivo.

Nonostante ero in mezzo alla strada, in doppia fila, decisi di utilizzare la mia strategia di emergenza: la vaschetta mi salvò.

Andai al concerto e fu uno dei momenti più belli di sempre! D'altra parte gli Oasis sono una delle migliori Rock Band di sempre, e Noel oltre ai suoi pezzi da solista ha suonato anche pezzi meravigliosi come "Cigarettes and Alchool" o "Live Forever" :

"Maybe I don't really wanna know How your garden grows 'Cause I just wanna fly Lately, did you ever feel the pain in the morning rain

As it soaks you to the bone? Maybe I just wanna fly Wanna live, I don't wanna die Maybe I just wanna breathe Maybe I just don't believe Maybe you're the same as me We see things they'll never see You and I are gonna live forever. Maybe I will never be, all the things that I wanna be, now is not the time to cry, now's the time to find out why. I think you're the same as me, we see things they'll never see, you and I are gonna live forever".

Questa è una delle parti che mi piace di più di Live Forever e che inconsciamente caratterizza la mia vita, perché quando una canzone ti entra nella pelle ti entra nell'anima e diventa una sorta di mantra che più ti ripeti e più farà parte di te.

C'è stato un periodo in cui mi ripetevo sempre la canzone di Vasco (onore al grande Vasco) "Fegato Spappolato": "c'è chi va a messa e c'è chi pensa di fumare, come aperitivo, prima di mangiare". Canzone che amo, ma che divenne un mantra e si, ogni volta che mi accendevo una sigaretta prima di mangiare non facevo altro che ripetermela e sentirmi come Vasco!

Strano che durante il concerto, zero dolori, zero fastidi, zero problemi alla pancia!

Non è inusuale per niente, anzi innesca un processo che fa sorgere un dubbio, riguardo a come la colite ulcerosa sia promossa e condizionata dal nostro sistema nervoso. Dalla mente.

Tra le tante storie che potrei citare di urgenze più o meno fortunate, una che rimarrà sempre nei miei più "cari" ricordi è quella volta al Metropolitano Museum di New York in cui non avevo la vaschetta, bensì il pannolone.

Si avete letto bene. Nel mio periodo americano di college andavo in giro con il pannolone.

Voi immaginatevi un ventitreenne che dovrebbe essere nel pieno della forza fisica, che dovrebbe prendere la vita di petto perché gli adulti ci hanno sempre detto che i migliori anni sono dai 20 ai 30 (altra enorme cazzata della società) che esce di casa con il pannolone…a New York!

A Brodeway ad Harlem all'Empire State Building, nei più coolest bar di Manathaan! Credete che potevo provarci con la biondina che mi guardava dall'altra parte del cafè? Che scena sarebbe stata se in procinto di fare sesso mentre ci fossimo spogliati avessi sfoggiato questo pannolone da incontinenti? Fantastico.

Ma torniamo al Metropolitan Museum. Mia zia e mia sorella erano venute a trovarmi a New Paltz per lo "Spring Break" (per chi non lo sa può immaginare le Spring Break come una pausa di tutte le Università in america di due settimane che è ormai diventato un business per far viaggiare i ragazzi nei luoghi cult degli stati uniti o Mexico in cerca di avventure, alcool, sesso e droga).

Decidemmo di passare cinque giorni a New York prima di volare poi a Negril in Jamaica. La vacanza da sogno per un ventitreenne. Ma senza colite ulcerosa.

Di quella vacanza ricordo poco se non mia zia che ancora oggi mi rinfaccia l'hotel di Negril in cui c'erano le formiche in camera ed eravamo in una scogliera ben lontani dalla famosa spiaggia bianca (in cui tra l'altro non sono mai andato), ed il mio fisico di merda: magro, bianco e senza muscoli con una faccia gonfia come un pallone dovuta al cortisone, un pizzetto ed un capello selvaggio ed incolto che di certo non aiutava; chiaramente il vizio del fumo di chi capisce che la sua vita fa schifo e quindi fuma per accorciarsi la vita.

Il Metropolitan è il Museo più grande di New York, enorme, diversi piani tantissime sale e tantissime persone ecco che mentre siamo nella parte Egizia arriva l'urgenza! Faccio un cenno a zia e Chiara e mi muovo velocemente in cerca del bagno per evacuare potentemente. Dopo aver chiesto a diversi inservienti dove sia un bagno arrivo in questo cesso con un gabinetto soltanto che era ovviamente occupato dal classico panzone americano che credo stesse leggendo il giornale.

Ma è possibile che un museo grande come il Metropolitan abbia nel bagno degli uomini un solo cesso per cagare? Comunque mi misi ad aspettare appoggiato al muro, con faccia dolorante e sudando non riuscii più a tenerla e me la feci addosso. Mi cagai addosso appoggiato al muro mentre le persone al mio fianco stavano pisciando e forse si sono anche accorte dal puzzo che emanavo.

Appena il bagno fu libero mi ci fiondai dentro, era troppo tardi si, ma almeno potevo constatare che il pannolone aveva funzionato e salvato il salvabile. Dopo essermi ripulito, gettai il pannolone nel cestino e senza mutande tornai nelle sale del Museo. Mi sentii anche una merda quando dissi a mia zia e mia sorella di dover tornare in hotel perché non mi sentivo bene.

Ma che vita è? Se è capitato anche a voi, sappiate che non siete soli, ma soprattutto che si può lasciare alle spalle la malattia e vivere serenamente i nostri più grandi sogni senza limitazioni.

Sballarsi per disconnettere mente e corpo

Che cosa è che spinge l'uomo a fare delle scelte? Ognuno di noi, ogni giorno si trova di fronte a delle decisioni da prendere. Perché qualcuno sceglie di non rischiare, mentre qualcun altro se ne frega e rischia?

La nostra mente è la sede di tutte le nostre decisioni, e la somma delle nostre scelte che guidano la nostra vita.

E' divertente pensare come il cervello sia l'organo più importante del nostro apparato, ma nessuno ci ha mai insegnato come allenarlo o potenziarlo. Un organo che pesa il 2% del nostro peso corporeo consumando il 20%-30% delle calorie che mangiamo dovrebbe già solo questo far riflettere. Ciò che ci hanno detto è stato: l'uomo utilizza solo il 10% del proprio cervello mentre i delfini utilizzano il 46%! Ma dai, i delfini sono più intelligenti di noi!

Voi potete credere in questa enorme s****zata, oppure potete continuare a leggere e capire come prendersi cura del proprio stato di malato partendo dalla mente.

Le decisioni che noi prendiamo inconsciamente sono nella maggior parte dei casi frutto del nostro subconscio, che è stato forgiato con le nostre esperienze fatte fino a quel momento e la nostra educazione. Mi chiedo: perché nel momento culmine della malattia, con un viaggio di tre ore in macchina per l'aereoporto di Roma, in cui ci siamo dovuti fermare 10 volte per permettermi di andare in bagno, non ho pensato che intraprendere un viaggio di otto ore in aereo in un paese in cui non ero mai stato, in una cultura conosciuta solo in TV e sui giornali (al tempo internet non era nulla di ciò che è adesso), in una organizzazione scolastica completamente diversa da quella in cui ero cresciuto, fosse un tantino oltre le mie possibilità?

Sarebbe stato molto più facile rimanere a casa con mamma e papà ad accudirmi, mia nonna Maria a cucinarmi e bei calamari ripieni e la mozzarella in carrozza con il prosciutto intorno, il mio lavoretto da allenatore con i bagni sempre a portata di urgenza?

C'è chi direbbe incoscienza, chi non curanza o intraprendenza. La mia risposta è: perché era l'unica scelta giusta da fare in quel momento.

Tutte le scelte che facciamo nella nostra vita sono dettate da un piano più grande di noi che spesso non capiamo mentre facciamo le cose.

Ma se sapremo imparare ad ascoltare l'universo, a sentire le vibrazioni che si celano nel silenzio, tutto diventerà più chiaro e passeremo dal fare scelte inconsce a fare scelte ponderate per il nostro successo, per il bene della nostra vita, delle persone intorno a noi e dell'umanità.

Cosa centra questo con la malattia? Ti starai chiedendo.

Centra, centra eccome. E' il motore di tutto.

Se stai pensando: perché proprio a me questa malattia? Che cosa ho fatto per meritarmi questo?

Rimpiazza queste false domande con queste:

- quale è il messaggio dietro la mia malattia?

- sono davvero felice nella mia vita? Cosa cambierei?

Riparti da qui ed ora.

La cosa buffa è quando mi sono accorto che l'alcool era l'unico modo per non sentire fastidi.

Ti sarà capitato sicuramente anche a te (a meno che tu non sia astemio, e mi dispiace per te, scherzo) di bere più del normale (ammesso che bere sia normale, per me non lo è più ora) e guarda caso quei dolori alla pancia, quelle tensioni svaniscono del tutto. Ma come è possibile?

Il mio caro amico e maestro Giustino mi raccolse da Osimo e mi portò a Siena come suo assistente in serie A, ed oltre ad insegnarmi il mestiere di preparatore, mi fece scoprire i piaceri della vita come i buoni amici, la lettura, il buon vino e la gioia di vivere. Una sera partimmo io e lui per Arezzo al noto locale di musica Indie Karemaski nella zona industriale, in cui c'era un concerto di Dente, uno dei cantanti emergenti della scena Indie italiana. E' ad oggi una delle serata più meravigliose che io ricordi.

Chiaramente prima di partire, da buon malato di colite ulcerosa, avevo passato i miei dieci minuti abbondanti in bagno per assicurare di non dovermi fermare per strada per cagare.

Arrivati al Karemaski feci la tessera dell'Arci per entrare. il concerto fu fantastico, birra dopo birra dopo birra ci scatenammo in pista con Dente. Fu in quel momento che mi sentii per la prima volta dopo tantissimo tempo davvero libero, vivo, in un'altra dimensione. Ballando con Giustino sulle note di "Lonely Boy" dei "The Black Keys" la mia mente era completamente disconnessa dal mio corpo, ero leggero, non avevo nessuna preoccupazione, nessuna tensione, nessun dolore. Ero presente nel momento, ero vivo, ero io.

Come è possibile che per le tre ore in cui fummo dentro il locale, ciò che normalmente mi assillava e disturbava ogni 20-30 minuti (la pancia), ora taceva?

In un attimo di lucidità, mentre Giustino aveva braccato il buon Dente al bancone del bar chiedendogli se poteva offrirgli un drink, ebbi un'illuminazione.

La mia mente non è il mio corpo, il mio corpo non è la mia mente. Se il dolore che sento è perché è la mia mente a farmelo presente, posso modificare la mia mente per non sentire dolore. Corpo e mente sono una cosa sola se considerati tali, ma se presi distintamente possono uno modificare lo stato dell'altro. In futuro avrei poi ampliato la visione di questo concetto inserendo una parte importante, ossia che la mente è il mediatore della nostra anima. La realtà che noi percepiamo non è semplicemente filtrata dalla nostra mente che ce la presenta come nomena.

E' un concetto molto complesso sul quale non approfondiremo ora, ma, durante questi ragionamenti al Karemaski di Arezzo, tornai al momento presente quando sentii Dente rispondere "ma grazie, un whiskey....doppio!".

Il viaggio di ritorno da Arezzo a Siena fu un'altra avventura memorabile. Complici le birre, oppure il navigatore manuale (Giustino) ci perdemmo tra gli Appennini Toscani, ed un viaggio di 40 minuti divenne un'avventura di circa due ore!

Arrivammo sani e salvi a casa verso le tre del mattino, con l'allenamento che era il giorno successivo ed alle otto dovevamo stare già in palestra. Stravolti ma soddisfatti, felici e soprattutto con una storia da raccontare.

Il seme della speranza

L'evoluzione della malattia è lenta e dolorosa. Queste sono le fasi: scoperta, cura, accettazione ed infine mantenimento.

Sono d'accordo con le prime tre fasi, ma assolutamente contro la quarta, quella del mantenimento. Perché nel 2021, con le conoscenze e tecnologie che abbiamo a disposizione, non posso accettare che la scienza non sia in grado di spiegare e di curare ogni malattia esistente se pensate che nell'universo nulla si crea e nulla si distrugge, ma tutto si trasforma.

Cosi la malattia è una trasformazione, reversibile sempre. Sempre. Sempre. Seguendo il più importante principio che governa la nostra esistenza.

Ma la fragilità umana si infrange a volte contro l'onda del sapere, un'illusione di chi in preda del proprio ego, ha dimenticato pratiche ancestrali di coloro che in passato, a contatto con la nostra Madre Terra, avevano il potere di guarire grazie alla natura.

Con l'evoluzione, l'uomo ha migliorato il suo stato e la sua condizione di vita, ma ha anche creato nuove malattie legate al benessere ed alla costante pressione di dover produrre per sopravvivere, infatti siamo ai più alti livelli di sempre di ansia e stress.

Se domandi ad un dottore quale sia la causa della tua malattia cronica? La risposta automatica sarà: è congenita (grossa scusa da dire quando non si conosce una nuova scienza che sia chiama epigenetica), oppure stress ed ansia. Se il dottore ha una preparazione più adeguata aggiungerà poi anche alimentazione.

Dunque, se una malattia dipende dall'alimentazione, basta cambiare dieta e stile di vita e si potrebbe risolvere così come è venuta giusto?

Se una malattia dipende dallo stress, si potrebbero eliminare le condizioni che causano lo stress e migliorare la qualità della vita, ma soprautto come ci poniamo noi nei confronti della vita, giusto?

Ma se una malattia è congenita, non si capisce perché ce l'abbiamo proprio noi, come possiamo curarla?

Con le medicine. Per sempre. Ogni giorno, per tutta la vita.

Il problema non sono i medici, che fanno bene il loro lavoro con fiducia dei loro studi scientifici e buoni propositi. Il problema sono le case farmaceutiche che hanno perso di vista ormai la loro missione primordiale, cioè quella di far star bene le persone. Purtroppo ora hanno bisogno che le persone siano dipendenti dalle malattie per continuare a vendere i loro prodotti che non sempre sono scientificamente efficaci. La sanità è un business mondiale da miliardi di dollari, e sono convinto che la maggior parte delle malattie croniche possono essere evitate con tre semplici ingredienti: attività fisica, alimentazione, cura della propria mente.

Qui di seguito riporto dieci ricerche scientifiche pubblicate dal giornale di medicina che attestano come non ci sia una cura al 100% efficace contro la colite e soprattutto che non ci sia una causa scatenante.

La nostra salute è determinata da quattro fattori:

accesso ai servizi sanitari (10%): se non hai accesso ai servizi sanitari è chiaro che parti con una situazione di svantaggio perché anche una semplice appendicite può diventare mortale

Genetica (20%): avere una buona genetica è un altro fattore vantaggioso. Come vedremo è possibile influenzare e cambiare la nostra genetica con una nuova scienza che si chiama Epigenetica ma ancora molti (purtroppo) non conoscono

Ambiente esterno (20%): dove decidiamo di vivere, in quale ambiente ed intorno a quale tipo di persone

Comportamento (50%): come ci comportiamo, quali abitudini abbiamo, cosa mangiamo ecc.

Se non possiamo controllare l'accesso ai servizi sanitari, abbiamo ancora il potere di determinare il nostro stato di salute per il 90%.

Le nostre abitudini comportamentali determinano chi siamo e la salute che vogliamo, siamo noi a scegliere in che ambiente vivere e soprattutto come vivere, come affrontare ogni giorno, a che cosa dare importanza e priorità nella vita.

Per i più scettici riguardo all'impossibilità di cambiare la nostra genetica, invito a documentarsi sulle tante ricerche scientifiche di una nuova disciplina che si chiama epigenetica e studia i fattori che possono modificare il nostro DNA.

Si, avete letto bene! Possiamo, ognuno di noi, modificare i nostri cromosomi. L'epigenetica è al centro dell'adattamento del nostro corpo. Il DNA non è un libro, il DNA è un alfabeto e siamo noi a scrivere le parole.

I fattori che influenzano il DNA e che quindi ci danno il potere di influenzare e cambiare la nostra vita e condizione di malato sono: attività fisica, nutrizione, ambiente esterno, spiritualità, benessere mentale, anti ossidanti ed anti infiammatori naturali.

Dunque se il 90 % della condizione di malato dipende da me, non vedo perché cazzo di ragione io debba accettare di vivere il resto della mia vita da malato. Ciò non ha senso, ed è quello che mi sono detto un giorno in Cina quando decisi di cambiare completamente tutto e prendere a pieno il controllo della mia vita.

Italia si Italia no

Dover scappare dall'Italia per crescere è stato ciò che mi ha salvato, e ciò che ha innescato il mio cambiamento e percorso di guarigione. Quando sei malato di colite ulcerosa non immagini la fine della malattia, perché stai male, sempre, indistintamente. E quando non stai male, devi prendere le medicine che ti ricordano costantemente la tua condizione fisica, mentale e sociale.

In Italia la mia vita si stava incanalando verso quella che è considerata la "normalità": lavoro con prospettiva di crescita, la macchina dei miei ma utilizzata da me perché figlio maschio maggiore, gli amici di sempre, un'assicurazione per la vita in caso muoia, ma che più che altro sarebbe servita come fondo pensione dopo vent'anni di piccoli versamenti, le feste a casa per breve tempo, estate al mare e se ero fortunato una settimana di vacanza in qualche hotel economico a 3 stelle, qualche scopata qua e là in attesa della ragazza da sposare, e poi la spada di damocle del dover comprare una casa per dimostrare di essere adulto e indipendente.

E' possibile che sia stato un cambio radicale di vita a guarirmi?

La risposta breve è no. Non è perché sono andato a 10,000 chilometri da casa che di colpo come per magia sono guarito, ma cambiare ambiente mi ha portato a fare esperienze e ad entrare in contatto con persone e mentalità che mi hanno fatto evolvere in un periodo in cui i social network non erano il grande bacino di informazioni di crescita personale che sono ora.

Con questo voglio dirvi che non dovete per forza allontanarvi da casa, perché il cambiamento parte da voi, ed oggi ci sono talmente tanti strumenti da utilizzare, come ad esempio questo libro.

Purtroppo io non ho avuto la fortuna di incrociare nessun mentore o leggere alcun libro che mi avesse potuto indicare la strada, per cui ho dovuto sperimentare sulla mia pelle le sensazioni necessarie per uscire dal tunnel mentale e fisicamente debilitante della colite.

Psicologia del malato di RCU

In Italia qualcosa avevo intuito: la mente ha un ruolo nella malattia. Convinto da mia madre, decisi di iniziare un percorso di psicoterapia in Ancona, a 15 chilometri e 20-25 minuti (in base ai semafori) di macchina dalla mia casa di santo Stefano, anzi per la precisione dalla mansarda di mia zia in cui mi ero trasferito per sentirmi indipendente senza esserlo realmente.

Dopo una prima sessione in cui io, mia mamma e lo psicologo ci accordammo per iniziare questo nuovo e a me sconosciuto cammino, mia mamma se ne andò ed io, da solo, mi trovai per la prima volta nella mia vita a parlare di me con me stesso.

Il Dottor De Benedettucci era un tipo strano, non parlava molto, quasi per niente.

Aspettava che parlassi io e lasciava che le frasi venissero formulate dalla mia mente, poi mi indirizzava su alcuni aspetti, di solito i ricordi più dolorosi con annesse le storie che facevo fatica ad accettare. La nostra relazione durò per più di un anno in cui ogni settimana mi recavo due o tre volte nel suo studio.

Ottenni dei risultati visibili nella gestione della malattia?

Si e no.

No, ero ancora malato e me la facevo sotto.

Si, ero entrato in contatto con un mondo che non avevo mai preso in considerazione prima, e del quale nessuno ne a scuola, ne in famiglia ne in chiesa me ne aveva mai parlato (guarda caso queste 3 istituzioni hanno sempre cercato di controllare, plasmare, deviare, uniformare il nostro mondo interiore): il mondo del mio subconscio. Un universo subdolo e parallelo che è sempre con noi ma che la maggior parte di noi reprime e non ascolta.

Seppure è stato un rapporto di amore ed odio con il Dottor De Benedettucci, semplicemente perché lavorando molto bene, faceva riaffiorare ricordi spiacevoli, dolorosi che non volevo sentire o analizzare, oggi ha il credito di essere colui che per primo mi ha fatto aprire gli occhi. O meglio il terzo occhio, quello della mente, quello che ogni guerriero coscientemente ha sempre aperto.

Più avremo modo di vedere il mondo con il nostro inconscio, più saremo la manifestazione di chi realmente siamo, perché toglieremo i veli sottili che la società, l'educazione e l'ambiente esterno ci mettono addosso per farci unificare alle masse e vivere una vita normale e mediocre.

E' chiaro che quegli strati impostatemi dalla società stavano rovinando la mia vita. la mia pancia. Intraprendere un percorso di psicoterapia, non è facile, affatto. Significa andare a fondo, scoprire parti dell'io che non si vogliono ascoltare, riconoscere segnali del passato che ci fanno soffrire ancora oggi. Perché dobbiamo fare qualcosa di difficile, che ci fa soffrire e stare male?

Ogni episodio della nostra vita ha una collocazione ben precisa ed un peso specifico che decidiamo noi. Tendiamo a mettere delle cornici ai nostri momenti più importanti che ci condizionano ogni giorno. Possiamo cambiare la nostra vita cambiando la cornice intorno ad alcuni episodi del passato.

La mente se lasciata libera, può essere la causa della nostra infelicità e tristezza, se ascoltiamo sempre il nostro cervello rettiliano non sopravviveremo al ventunesimo secolo.

Allora ripercorrere scenari noti e indelebili al nostro inconscio, portandoli chiaramente a galla, fa si che possiamo analizzarli e dargli la giusta importanza nel passato ma soprattutto nel momento attuale.

Ciò farà si che una volta appagato l'ego, l'inconscio non ci saboterà. Ma sarà sempre più allineato con la nostra visione del mondo e della vita, o meglio, saremo noi, facendo pace con lui ad avere chiara la nostra via, il nostro cammino.

La strada che separa la mia abitazione dallo studio di De Benedetucci è di appena 20 minuti, dopo le bellissime curve nel verde delle colline di Santo Stefano, ecco la salita di San Biagio e la discesa dell'Aspio. Si passa avanti alla grigia e popolare zona industriale del Joyland, poi via sotto la galleria; svolta a destra lungo il rettilineo che va verso il mare e si è arrivati. Un piccolo studio al piano terra a 100 metri dal mare, mentre più in là lo splendido panorama del "Passetto di Ancona", regna sovrano.

Cosa vuoi che siano 20 minuti in auto?

Per un malato di colite ulcerosa, venti minuti sono un inferno. Venti minuti sono 1200 secondi, ognuno di questi secondi è pieno, stracolmo di ansia abbondante e opprimente.

"Dove posso fermarmi?", "Ci sarà un bagno in quel ristorande?", "che cosa faccio se il semaforo è rosso?", "se non posso fermarmi me la faccio sotto, sicuro", "se mi fermo per cagare in strada, qualcuno mi vedrà", "non ho portato le mutande di riserva", "mi fa male la pancia!", "mi fa male la pancia", "non ne posso più, perché proprio a me?" e tante altre ancora, per cui mi fermo qui, perché sono sicuro che avete capito e probabilmente condividete la stessa situazione.

Questa è la mente del malato cronico di colite ulcerosa: welcome to the show!

Nei due anni di terapia con il Dottor De Benedettucci, tante volte non sono riuscito ad andare al nostro incontro all'ultimo istante, nonostante la seduta fosse già pagata, mandavo un messaggio 5 minuti prima scusandomi, trovando qualche scusa per non andare. Molte volte era per paura, altre per i forti dolori di pancia, in più di tre occasioni perché durante quei 20 minuti in macchina mi ero cagato sotto.

Che fare dunque? Scappare? Arrendersi? Disperarsi?

Per alcuni potrebbe essere stata un'opzione alzare le braccia al cielo ed esclamare: "ci ho provato, adesso basta, mi accontento di ciò che viene e rimango malato…a vita!".

Per me no, come un capricorno di quelli nati con l'ascendente toro ho sempre continuato, nonostante tutto mi spingesse a mollare! Ho incassato sconfitte, certo, anche dolorose ed inaspettate, ma ho sempre continuato senza mai smettere di crederci.

Ripensando a quei momenti, più di 10 anni fa, capisco come però non avevo ancora chiara la mia strada. Avere un obiettivo ed una forte motivazione è ciò che alla lunga porta davvero al successo, e nel mio caso a guarire completamente dalla malattia.

Giustino

C'è chi dice che l'amore aiuta a superare le difficoltà e le malattie. Forse può aiutare ad allievare lo stress, certo è che nonostante avessi una vita normale, con un lavoro che mi piaceva, una ragazza innamorata che mi stava accanto, una famiglia che mi supportava in tutto e degli amici eccezionali, lo stress e la malattia erano sempre lì, ogni istante, a ricordarmi chi sono: un malato di colite ulcerosa.

Giustino entrò nella mia vita per caso ma per un chiaro motivo: farmi crescere, tanto!

Un contatto in comune, Sandro, incontrato dopo molti anni mentre aspettava che la figlia finisse la lezione di minibasket, mi disse di andare a studiare da chi aveva più esperienza di me nel campo della preparazione atletica.

Mi diede quindi il contatto di Giustino, il preparatore storico di Montegranaro, squadra di pallacanestro con cui andò dalla serie B alla Serie A in tre anni.

Decisi di contattarlo, non avevo nulla da perdere ed era un'opportunità più unica che rara.

Giustino si dimostrò subito amichevole e disponibile invitandomi già al primo nostro incontro telefonico ad andare a vedere un suo allenamento a Montegranaro con le Serie A.

Montegranaro è un piccolo paese, appunto su di un monte, (detto in gergo "lù Monde") che vive e respira pallacanestro, distante circa 45 minuti in auto dalla mia Osimo.

Un viaggio così lungo, per me era già un grande ostacolo in quanto mi richiedeva di uscire dalla mia area di comfort, ma lo feci, andai, mi buttai verso ciò che mi spaventava.

Io, appena laureato, con poca esperienza nel basket, stavo andando da uno dei migliori preparatori in Italia (attualmente Giustino è a Milano ed ha vinto nella sua carriera 6 scudetti) a vedere un allenamento di giocatori americani che fino a quel momento avevo potuto osservare soltanto in televisione o da lontano al palazzetto.

Oggi, dopo aver lavorato con giocatori NBA, mi fa sorridere pensare a come ero emozionato ed impaurito allo stesso momento.

Le visite da Giustino nel corso dei due anni successivi furono frequenti, così come i nostri contatti sempre a fini lavorativi via mail.

In estate mi chiamò dicendomi di andare ad aiutarlo con la nazionale under 20 a Giulianova per fare dei test.

Partii con ampio anticipo una calda mattinata di luglio perché sapevo che mi sarei dovuto fermare durante il tragitto per andare in bagno, e così fu. Purtroppo però non riuscii a trattenere l'urgenza ed arrivai con 10 secondi di ritardo all'autogrill. L'ansia, la paura mi attanagliavano la pancia, e mentre stavo parcheggiando in autogrill non feci in tempo ad aprire la porta della macchina che ci fù una esplosione di merda nelle mie mutande!

Me l'ero fatta addosso!

Che fare? Chiamare Giustino e dire che mi ero cagato addosso e non potevo andare?

No, non posso, è troppo importante per la mia carriera e futuro. Sapevo che Giustino poteva trovarmi una squadra in quanto aveva contatti con molte società in Italia ed era rispettato e conosciuto da tantissimi allenatori.

Nonostante fosse la cosa più difficile da fare, presi coraggio, mi pulii con vergogna al cesso, buttai le mutande e continuai il mio viaggio.

Ora non avevo più una seconda occasione, la prossima volta se mi fossi cagato sotto sarebbe stata la fine.

Arrivai a Giulianova, partecipai all'allenamento della Nazionale (senza mutande) con Giustino, e credo che quel giorno gli dimostrai il mio valore e guadagnai definitivamente il suo rispetto (anche se non dissi una parola di ciò che era successo, per vergogna).

Alla fine dell'estate successiva (2010) mi arrivò inaspettata una sua chiamata verso l'ora di pranzo.

"Oh Francè, ti devo parlare. Dove possiamo incontrarci?"

"Ah si va bene, ma di cosa?"

"Mò non te lo posso dire, ma è una cosa importante, dove ci vediamo?"

"Vediamoci al Deep Blue di Porto Recanati, a metà strada tra Montegranaro ed Osimo"

Il Deep Blue era uno dei bar-caffè più fashion nella zona della riviera Maceratese, un fiore all'occhiello di interior design con un menu di pasticceria molto ricercato ma soprattutto famoso per gli aperitivi in cui "gli scarpari" ossia gli abitanti della bassa che sono famosissimi in tutto il mondo per fare le scarpe, amavano fare il sabato sera.

Eccoci insieme al Deep Blue, ordinammo un espresso ed un cappuccino con dei biscottini, mmm che buoni!

L'incontro (come avevo intuito e sperato) era una proposta di lavoro. Si trattava di diventare suo assistente in una squadra di alta classifica, non disse quale, non disse il compenso, ma a me non interessava, risposi in meno di un secondo: "sì!".

Questa mia risposta così di pancia, senza avere neanche il minimo dubbio, lo colpì, poi aggiunse che eravamo tre candidati e avrebbe dovuto pensarci, nonché parlarne con la futura società. Ma ebbi la sensazione che avevamo un feeling particolare e avesse già scelto me.

Dopo una settimana mi chiamò, dicendomi: "Francè, sei pronto? Andiamo a Siena!"

A Siena? La squadra 6 volte campione d'Italia negli ultimi 7 anni! Io, preparatore di provincia, con un anno di esperienza in una squadra di bassa classifica in B1 (Osimo), stavo per andare a Siena.

Seppur la gioia era incontenibile e non vedevo l'ora di urlarlo al mondo intero, il primo pensiero fu alla mia condizione di malato di colite ulcerosa. Come avrei vissuto lo stress alla pancia in un ambiente altamente competitivo e totalmente nuovo come Siena?

Ma il secondo pensiero fu: è l'occasione che può cambiare la mia vita ed aprirmi le porte della serie A che ho sempre sognato. Ed in effetti, la cambiò per sempre.

Anni dopo Giustino mi disse di aver scelto me perché aveva capito che ero uno tosto, che non mollavo facilmente, ed in una occasione, ricordando gli inizi mi confidò: "ti ricordi quel giorno con la Nazionale a Giulianova? Non te l'ho mai detto ma doveva arrivare anche un altro preparatore… non è mai venuto, questo episodio gli ha fatto perdere molti punti, tutti in tuo favore!".

"Ogni lasciata è persa" pensai tra me e me.

Molte scelte e situazioni non riusciamo a spiegarcele nel momento presente, succedono e basta, ma tutte hanno un senso e significato ben preciso nel nostro progetto universale o divino se preferite.

Vivi ogni giorno senza troppe aspettative, dai sempre il meglio di te nonostante i tuoi problemi. Verrai ricompensato sempre, anche se ci sarà chi ti vuole scoraggiare o schiacciare in fondo, non ascoltare e segui la tua via. Se ogni giorno farai qualcosa per essere migliore del giorno precedente, il compound effect sarà tuo amico e potrai soltanto migliorare te stesso e la tua condizione di vita, non importa da che punto tu inizi. Andrai sempre più in alto. Ed è esattamente ciò che feci, io, andai sempre più in alto, anno dopo anno.

E non ho ancora intenzione di fermarmi, fino all'ultimo respiro.

Cogli l'attimo senza paura

A Siena, nel dorato mondo della Serie A, ho passato due anni meravigliosi, durissimi, che hanno forgiato il mio carattere e la mia professione!

Le giornate erano piene da non avere neanche il tempo per pensare a ciò che stavo facendo. Dalla mattina alla sera tardi ero chiuso dentro un palazzetto a lavorare duramente. Questo aveva dei vantaggi, come ad esempio poter utilizzare diversi cessi, sapere gli orari in cui potevano essere più o meno occupati. Ciò che è stato più difficile per me negli anni di Siena erano le trasferte con la nostra squadra under 19 e under 17. Cercavo sempre una scusa per non andare con la under 17 (devo lavorare con la serie A era la più gettonata e credibile), perché i viaggi con il pullmino anche di due ore, per me e la mia colite erano veramente una grande sfida e roulette russa. Un giorno dovetti raggiungere Livorno con la mia macchina perché il pullmino era partito mentre io stavo dolorante in bagno, ma non l'ho mai detto a nessuno.

La mia colite era al quarto anno di vita, non in fase acuta, ma secondo i dottori era in remissione o meglio in semi remissione in quanto ancora alcune volte avevo il sangue nelle feci e per brevi periodi utilizzavo ancora la schiuma al cortisone per via anale.

La terapia medica in questa fase "remissiva" consisteva nel prendere sei pasticche di mesalazina ogni giorno, 3 la mattina e 3 a pranzo.

Se ci penso ora, vorrei prendermi a schiaffi. Quello che succede quando si prende una medicina per così lungo tempo è che la mente (più che il corpo) diventa dipendente di quella sostanza, ed ogni volta che mi ritrovavo ad ingurgitare i bei pilloloni di mesalazina, dentro di me mi dicevo "ora prendo le medicine e starò meglio". Si crea un circolo vizioso che collega la medicina alla speranza di stare meglio, ci si affida completamente ed esclusivamente alla pillola come se fosse magica.

Quindi molto spesso durante un dolore atroce alla pancia, si prendono 3 pasticche ed il dolore dopo qualche minuto si placa. Credete davvero che le medicine abbiano fatto effetto in cosi poco tempo?

Certamente no.

Che sciocchi siamo quando ignoriamo e seguiamo le masse, senza informarci, capire realmente, ed avere paura di nuotare controcorrente.

Ma ecco che basta cambiare un elemento della nostra vita, e possiamo affrontare la malattia diversamente, sotto un'altra ottica. Per me, il cambio avvenne in una notte quando alle 4 del mattino, mi arrivò la chiamata di Nik Popovic "Francesco, pack your stuff, you got the job buddy!".

Ora, immaginatevi di lavorare per la squadra di pallacanestro più forte e ricca in Italia (nonostante il mio stipendio era di poco più alto di quello del custode del palazzetto), aver vinto due scudetti e altrettante coppe italia e supercoppe con un esperienza nelle Final Four di Eurolega a Barcellona in un hotel a 5 stelle in cui mai avevo pernottato prima in vita mia (5 stelle? non sapevo neanche cosa fossero), avere la prospettiva di subentrare come capo preparatore alla fine dell'anno sportivo appena iniziato (Giustino era in scadenza di contratto), aprendo a prospettive di carriera in serie A. Tutto ciò che soltanto due anni prima, prima ancora di sedersi sul divano del deep blue non avreste neanche sognato, non potevate immaginare qualcosa di migliore di quella situazione.

In questo contesto vi arriva un vostro contatto che vi chiede se siete interessati per una opportunità lavorativa in Cina, e voi dite si senza neanche crederci troppo o darci troppo peso.

Che fare? Proviamo!

L'offerta economica era ovviamente molto buona, di quelle che non si possono rifiutare, anche se all'inizio non avevo ben capito se stavamo parlando di dollari americani o di yuan cinesi; comunque in entrambi i casi erano più che in Italia.

Al primo contatto telefonico, Nik non mi aveva detto di quale città della Cina si trattasse, mi aveva soltanto fatto domande oltre che sul mio lavoro, sulla mia personalità per capire se ero forte abbastanza per sopravvivere ad un mondo completamente diverso da quello conosciuto fino ad allora.

Finito il primo colloquio telefonico Nik mi disse: "Francesco, ci sono altri 2 candidati per il lavoro, dovrò presentare i vostri nomi alla società e all'allenatore (Brian Goorjian, attuale capo allenatore della Nazionale Australiana) che poi sceglierà".

Ti chiamerò io quando avranno deciso e poi concluse con un "hang in there", che letteralmente significa "appendi là", ma in italiano conosciamo meglio la versione "attacati al …".

La colite in quella settimana ebbe un'impennata incredibile. Ansia e stress mi divoravano in attesa di un lavoro che sapevo avrebbe cambiato la mia vita, prima di tutti era l'esperienza all'estero che sognavo e per cui stavo lavorando quotidianamente, ma rappresentava anche la svolta economica rendendomi indipendente dai miei genitori.

Come se non bastasse non riuscivo a dormire la notte perché aspettavo la chiamata dalla Cina che era a 7 ore di fuso orario dall'Italia, quindi sapevo che l'ora di cena a Pechino erano le 3 del mattino a Roma.

Infine, dopo 7 giorni circa, mentre finalmente avevo preso sonno con il telefono sotto il cuscino, ecco che squillò! Feci un respiro profondo prima di rispondere ma è come se telepaticamente sapessi già di avere il lavoro, risposi, era Nik. Disse: "Francesco how are you buddy? Sorry to wake you up so early, what time is it there?" ed io facendo finta di nulla come se non stessi dormendo risposi "sono quasi le quattro, del mattino" e lui "well" e poi una pausa interminabile come da miglior conduttore del gioco dei pacchi o di sarabanda "you got the job! pack your stuff, I will send you the documents for the visa tomorrow, do the visa as quick as possible and come to Dongguan!". Avevo il lavoro! Soltanto in quel momento capii dove stavo andando, dove la mia vita avrebbe avuto una svolta epocale, a Dongguan con i Dongguan Leopards!

Avevo una settimana di tempo per lasciare Siena, fare il visto a Roma all'ambasciata Cinese e prendere il primo aereo Roma-Guangzhou.

Fuggire e rinascere

Ecco un'altra situazione ricorrente nella mia vita da malato. La fuga!

Come appena laureato, con la malattia in fase acuta, nonostante i pericoli e le avversità me ne andai per la prima volta negli Stati Uniti senza sapere cosa mi aspettava, così, ora, dopo sei anni dal mio primo volo intercontinentale mi trovavo ad affrontare la stessa situazione.

Quando cercai Dongguan su google queste erano le prime tre notizie che emersero:

"Dongguan, la capitale della prostituzione Cinese", "Dongguan la Amsterdam Cinese", "Dongguan, lista delle migliori spa e saune". Per un bravo ragazzo come me cristiano cattolico di famiglia medio borghese non poteva essere un buon segno, eppure era l'inizio del cambiamento (in meglio).

Dongguan si trova nel sud della Cina in un clima tropicale, e a me non dispiaceva affatto vivere al caldo per 10 mesi l'anno.

La ricerca di sfide mi ha sempre appassionato, soprattutto quando non ho idea di ciò che mi aspetta, ma so che qualsiasi cosa accadrà sarà per il mio bene, sempre.

Dopo un lungo abbraccio con mio padre all'aeroporto di Fiumicino mi girai ed intrapresi sicuro il mio cammino.

In quel momento, salendo su quell'aereo, che in poco meno di 12 ore mi avrebbe portato in una delle civiltà più antiche della terra, la mia indipendenza economica, sociale, spirituale, fisica e mentale stavano appena cominciando.

Ma soprattutto, lasciare il paese nel quale ero stato per sei anni marcato e considerato come un malato di colite ulcerosa, mi permise di trovare la forza per uscire dalla malattia.

Chi è senza peccato, scagli la prima pietra

Il primo anno a Dongguan fu la scoperta di una vita che non avevo mai potuto fare in Italia. Principalmente per due ragioni: non avevo i soldi per farla, avevo dei freni comportamentali e mentali. Nonostante con Giustino qualche serata di divertimenti ed eccessi è nei miei ricordi, nulla a che paragonare con il mio primo anno a Dongguan.

Dopo il primo mese in cui in realtà andammo per 3 settimane in Australia con la squadra ad allenarci, tornati in Cina, Craig un nostro allenatore australiano, mi prese sotto la sua esperta ala e mi fece scoprire la vita by night di Dongguan.

Per un anno, ogni sabato sera avevo il tavolo nella discoteca più fashion di bar street (MG) con almeno due bottiglie e sempre tanti amici ed amiche presenti. Puntualmente tutte le sere della settimana cenavo in uno dei più costosi ristoranti italiani di bar street gestito da Gino, chef milanese di origini calabresi con il quale condividevo le serate in discoteca, pasteggiando con long island ice tea.

Ricominciai a fumare perché pensai, in Cina con tutto lo smog e fumo passivo che c'è, è comunque impossibile salvare i miei polmoni quindi meglio ricominciare a fumare (si lo so, non ha senso, ma al tempo lo aveva).

Infine scoprii il mondo della sauna. Il paradiso per ogni uomo, appena si aprivano le porte dell'ascensore al quarto piano venivo trattato come un capo di stato. Ci sarebbe da scrivere un libro intero sulle saune di Dongguan, e forse un giorno qualcuno lo farà, ma per avere un'idea di come funzionava una sauna in Cina (ora non ci sono più, quindi non illudetevi) ecco una breve spiegazione.

Solitamente è semplice riconoscere le saune in quanto ci sono luci LED a caratteri cubitali all'esterno. La stragrande maggioranza delle saune erano situate al quarto piano di un hotel (soprattutto 4 o 5 stelle), ma a volte c'erano strutture al piano terra o sottoterra adibite esclusivamente a sauna.

Se erano in un hotel bisognava prendere un ascensore diverso da quello degli ospiti, localizzato nell'ingresso secondario. La cosa fantastica è che in Cina, il numero 4 significa anche morte (ha la stessa pronuncia ma diversa scrittura), per cui in tutti gli hotel non c'è mai il quarto piano e di conseguenza il numero 4 nell'ascensore. Però se si va sul retro si trova sempre l'ascensore con il numero 4 e 5 (KTV).

Il KTV anche era solitamente accoppiato alla sauna o al terzo o al quinto piano in quanto molte ragazze potevano spaziare dalla musica al sesso senza problemi, anche facendo entrambe le attività insieme (talking about skills!)

Siamo appena arrivati al quarto piano, si aprono le porte. Ecco che ad accoglierci ci sono delle mamasan che all'unisono dicono "benvenuto nella sauna X, è un nostro piacere poterti servire". Una mamasan conduce in una camera con un gran divano; dopo aver domandato che cosa vogliamo bere (solitamente thè) con la sua radiolina da il via allo show. Seduti sul divano, con il thè e la mamasan al nostro fianco ecco arrivano le ragazze come una sfilata di alta moda. Solitamente sono 10 o poco più, ma la leggenda narra di saune a Dongguan in cui ne sfilavano anche 20 alla volta per un totale di 500 lavoratrici in un solo hotel. Si, perché se nessuna ragazza è di nostro gradimento, la mamasan fa un cenno, le ragazze escono e dopo 1 minuto eccone altre 10 sfilare fino a quando non avremo trovato la ragazza che ci terrà compagnia per novanta minuti. A quel punto le altre lasceranno la stanza mentre noi e le nostre nuove compagne andremo nelle nostre camere.

Questa storia o descrizione, per molti potrà sembrare squallida. Certo, pagare per fare sesso è squallido nella maggior parte dei casi, ma le ragazze della sauna non sono state schiavizzate come succede nella prostituzione in Europa o in altre parti del mondo, ma per loro scelta facevano un lavoro che era controllato all'interno di una struttura sicura, protetta e con visite mediche mensili (anche se il governo Cinese non approvava). Non ho mai pagato una donna prima di conoscere la sauna e non l'ho fatto dopo che le saune sono state chiuse, ma in quel contesto, per me, il concetto di prostituzione prendeva un significato diverso quasi a voler giustificare il mio comportamento. Pensate ciò che volete, ma a Dongguan nel 2014 quando il governo è entrato a gamba tesa chiudendo tutte le saune ed i massaggi, ci sono stati tantissimi business in bancarotta, tante fabbriche hanno spostato la produzione in altre zone della Cina ed il GDP di Dongguan è crollato del 50%, si avete letto bene, del 50%. Questo per far capire quanto i massaggi e le saune avessero un peso economico sull'intera città. Ma torniamo a noi, il sabato sera!

Le serate a Dongguan iniziavano nel pomeriggio alla sauna (avevo l'appuntamento intorno alle 18) e terminavano al Pullman, hotel a 5 stelle in cui gli inservienti mi chiamavano ormai per nome, ed il manager Andrew mi sorrideva quando mi vedeva uscire sempre con una ragazza diversa (e non erano lavoratrici della sauna, ma ragazze che incontravo la sera nei bar, molte anche straniere).

In tutto ciò la malattia era sempre con me, ogni giorno mi prendevo le mie sei pasticche di mesalazina la mattina e a pranzo.

Lo sballo del sabato sera però era purificatore, decompressore, perché in quelle ore e per tutta la domenica, potevo vomitare ed avere mal di stomaco, ma la pancia vera, l'intestino, no! Non avevo le urgenze o dolori allucinanti. Offuscare la mente, sballarmi, era un modo per dimenticare i miei problemi, la mia malattia.

Il primo anno a Dongguan in due occasioni dovetti ancora fare la schiuma rettale perché avevo sangue nelle feci, e solitamente dopo 2 settimane di cortisone il sangue spariva e tornavo alla normalità, ma qualcosa dentro di me iniziava a cambiare.

Non riuscivo a capire e ad accettare perché avrei dovuto vivere da malato.

Fu allora che ricordandomi dell'esperienza in passato con lo psicologo, decisi di contattare Alessandra, una mia amica / conoscente di vecchia data (avevamo passato tante estati insieme da bambini perché le nostre famiglie avevano l'ombrellone vicino e successivamente facemmo lo stesso liceo seppur in classi diverse) che laureatasi in psicologia, svolgeva la professione di psicoterapeuta.

Dal 2015 ad oggi, Alessandra è uno dei punti di rifermento per me, avendomi aiutato ed assistito al mio cambiamento da malato a uomo libero.

Qui e ora, Alessandra

Anche se non avevo dichiarato esplicitamente che volevo lavorare con lei per la mia patologia, è chiaro che in tempi brevi Alessandra aveva scoperto il mio problema.

Ciò che mi propose ed ebbe un certo effetto positivo nel calmare le urgenze fu di focalizzare la mia attenzione sul qui e ora.

Per cui iniziai col ripetermi "qui e ora" dentro di me, nei momenti in cui sentivo la pancia inviare i segnali di dolore oppure quando ero in macchina e mi sarei voluto fermare, semplicemente terrorizzato di potermela fare addosso.

Focalizzare l'attenzione nel momento presente è stato il primo passo utile che ha innescato delle domande e continuarono nella meditazione e la scoperta della potenza che la nostra mente ha sulla nostra vita. E' strano che a scuola ci insegnino cose inutili ma nessuno ci abbia mai detto come realmente prendersi cura del nostro cervello, della nostra mente e delle tecniche per migliorare la mente e di conseguenza la qualità della vita.

Oltre a scoprire l'importanza del momento presente, con Alessandra approfondii un argomento che segnò l'inizio di una rivoluzione spirituale in me: i viaggi astrali o esperienze extra corporee.

Parlando di sogni e lavorando sui sogni come messaggi del mio inconscio, mi incuriosii dell'argomento ed incrociando per caso un video del giovane ed eclettico artista Federico Clapis o da molti conosciuto per i suoi inizi da youtuber come Doctor Clapis, iniziai ad informarmi e a leggere il libro "Beyond the body" di Bulhman che trattava un mondo a me del tutto sconosciuto. Un viaggio astrale è un esperienza che può naturalmente accadere o essere indotta da chiunque.

Ci sono persone con una predisposizione, solitamente sono persone con una spiccata creatività oppure chi ha avuto traumi nella vita, soprattutto infantili. E' un modo per liberarsi da qualcosa, una sorta di auto terapia, andare oltre e scoprire l'esistenza di universi infiniti e della vera natura dell'uomo.

Il tutto inizia con la fase di paralisi, sicuramente comune a tanti però ignari di cosa rappresenti. Il nostro corpo si paralizza mentre siamo svegli e non riusciamo a muoverci né a parlare. Una sensazione terribile per chi ignora, perchè in realtà è la porta della nostra anima, che ci permetterà di scoprire il nostro vero io viaggiando nell'universo ed incontrando la più alta e pura forma di vita.

Affrontando le nostre paure diventiamo più forti, eliminiamo le paure del tutto e saremo invincibili.

Il mio primo viaggio astrale un messaggio chiaro per il malato di colite ulcerosa: in astrale non siamo malati. In astrale il nostro corpo non ha alcuna malattia e nessun dolore. Siamo noi al nostro stato puro.

La mia esperienza inizia con un sogno apparentemente normale.

Ci sono dei cattivi che mi rapinano in motorino, ed io li inseguo. Si rifugiano in un grande forte il legno su una spiaggia meravigliosa. La porta enorme fatta di bamboo incute un certo timore, ma decido di entrare.

Appena entrato c'è un grande cortile con delle enormi porte sullo sfondo, ma dei ladri nessuna traccia; ad un certo punto da una di queste scure porte esce fuori un gigante spaventoso che non ha di certo buone intenzioni. Indietreggio spaventato, ma è qui che accade qualcosa, e come se una forza dentro di me mi dicesse cosa fare. Vado verso il gigante che intanto alza le braccia come a voler caricare un colpo da scagliarmi contro, ma io lo abbraccio ad una gamba dandogli amore.

Il gigante rappresenta la colite, ciò che ci attacca quotidianamente, che ci spaventa, di cui abbiamo paura per la nostra saluta e che minaccia costantemente la nostra vita.

Non dobbiamo scappare da tutto ciò ma accettarlo ed affrontarlo con sicurezza che saremo noi a prevalere e a decidere del nostro futuro.

E' in quel preciso istante che inizio a sentire le vibrazioni e si manifesta lo stato di paralisi. La mia mente si sveglia, è conscia, ma il mio corpo sta continuando a dormire ed è per questo che percepisco l'energia vibrante sempre presente in noi, ma nel momento in cui c'è un distacco, un buffer, ne veniamo a conoscenza, consapevoli.

Il segreto per fare risultare la paralisi piacevole è quello di respirare per calmare la mente. Ed in questa fase utilizzare una delle tante tecniche (che si possono apprendere da libri come quello di Bulhman) per uscire dal corpo.

Si può anche chiedere aiuto ad una guida, ed è ciò che feci. Chiedendo aiuto durante il processo in quanto mi sentivo bloccato ed incapace di uscire completamente, sentii una mano che mi tirò e scivolai da un lato del letto con un sonoro fraacccc come se fossi stato unito con il velcro al mio vero corpo.

Ero a terra, spaventato, il mio corpo reale ancora nel letto, ma non nella mia stanza in Cina, bensì ad Osimo.

Fuori dal corpo

Quando scopri un altro mondo, la Cina, puoi notare aspetti della tua vita passata che non ti soddisfacevano, ma soprattutto puoi rimpiazzarli con ciò che sembra migliore.

E' questa la cosa più difficile per un malato cronico. Uscire dalla malattia, vedersi in terza persona e considerarsi normale.

Ma se rimani chiuso nei tuoi concetti, nei tuoi schemi mentali, diventa impossibile liberarsene od iniziare un percorso di cambiamento. Vedere il mio corpo sul letto, ed andare oltre, scoprire che c'è un'altra forma, un'entità superiore in me, distaccata dal mio corpo, dalle mie paure, le mie debolezze e soprattutto dolori fisici.

Iniziarono a sorgere domande:

chi sono io realmente? Che cosa è la realtà? Quanto la religione ci ha raccontato dell'anima? E' soltanto un sogno frutto della fantasia oppure è realtà? E' il mio corpo che vive fuori della mia anima? O è la mia anima che vive dentro al mio corpo? Cosa succede dopo la morte?

Ma la domanda più importante è: "Si può influenzare il corpo reale (che noi percepiamo come reale) manipolando l'anima attraverso il subconscio e la mente?

Sono delle domande a cui sto ancora cercando le risposte e di cui la fisica quantistica, sta dimostrando scientificamente la veridicità di teorie che fino a 10 anni fa sembravano impossibili da dimostrare.

Dopo aver svolto delle ricerche, non essendo credente od una persona spirituale (al tempo) come la maggior parte dei cristiani cattolici insoddisfatti dei dogmi e stupide storielle che raccontano in chiesa; decisi che ciò che avevo potuto sperimentare in prima persona e che quindi poteva sostenere e dimostrare il mio credo era:

la mente può dissociarsi dal corpo, corpo e mente sono due entità separate. Il dolore fisico che si prova nasce dal corpo, ma viene percepito dalla mente. Se ciò è vero, allora influenzando la mente si può cambiare il corpo. Il problema? Dimostrarlo praticamente.

So che molti potrebbero credere ciò sia possibile oppure che abbia un senso logico. Ma ora, dopo aver intrapreso un percorso in cui partendo dalla mente sono riuscito ad influenzare il mio corpo, vi chiedo di fidarvi e credere in me e a ciò che sto per rivelare.

La camera è buia, di quel nero che non si può immaginare, ma che colpisce i sensi, seppur invisibile agli occhi. So come muovermi perché ho vissuto in quella camera a lungo. La sensazione è che tutto sia tremendamente solido come se potessi toccare o sperimentare la realtà. Schiaccio l'interruttore della luce dietro la porta, non funziona. Allora ricordo che nel libro di Buhlman si affermava della necessità di chiamare ad alta voce "luce" per illuminare la scena. Cosi ancora nel buio mi incamminai nel corridoio ripetendo luce luce luce luce luce. Come per magia, lentamente una fievole luce inizia ad espandersi, riscoprendo nei minimi dettagli la casa.

Toccando le pareti mi domandavo se fosse davvero un sogno oppure realtà, al tatto sembrava tremendamente reale cosi come i quadri, il tappeto e tutto intorno a me.

Attraversando il corridoio arrivai fino al bagno "rosa", inconsapevole cosa fare, spaesato ed ignaro di ciò che avrei potuto fare. Sentii in quel momento, un cambiamento nell'ambiente, un entità diversa. Mi girai di colpo e vidi una figura nera con un costume simile ai sacconi della processione (o ad assassin creed per chi non ha dimestichezza con le processioni di provincia del Venerdi santo). Mi spaventai, ma riuscii a mantenere la calma ripensando al libro ed anche alle parole di Federico. Le figure che incontriamo nei viaggi astrali non sono mai li per caso, non abbiamo nulla da temere ed hanno sempre un messaggio da condividere con noi se avremo il coraggio di domandare.

Dopo essermi avvicinato, seppur con timore chiesi: "E tu chi sei?"

L'uomo si tolse il cappuccio ed una faccia grigiastra tendente al bianco, senza capalli e con una cicatrice sul volto disse: "Sono Akbar, la tua guida". Dopodichè, rincuorato nel sapere di aver già trovato la mia guida che mi avrebbe introdotto ad un universo incredibile dissi: "dove andiamo?"

Aprimmo la porta e scendemmo le scale sotto casa. C'era il mercato del giovedì, di solito porta tante bancarelle a vendere le cianfrusaglie che a breve si compreranno soltanto online. C'era una macchina di lusso, una fuoriserie, parcheggiata davanti al nostro garage. Salimmo sulla macchina ed io dissi: "Akbar fammi guidare" l'emozione di poter guidare una macchina così deve avermi dato alla testa. Wow sembrava proprio reale!

Accesi il motore, non potevo credere a me stesso, stavo per guidare la macchina dei miei sogni. Ci avviammo fuori città, piccola discesa di Via Matteotti, svolta a sinistra e poi a destra nello stretto vicoletto che ero solito prendere per accorciare la strada, ma ci sono delle persone ed io perdo il controllo dell'auto, sbando, mi spavento risvegliandomi ancora dentro la fase di paralisi. Non riuscivo a muovere il corpo ed ero spaventato. Non certo la sensazione più piacevole che si possa provare, deluso più per la fine del mio viaggio astrale ed il non aver potuto scoprire ciò che l'Universo aveva in serbo per me.

Piano piano respirando profondamente e riportando la mente alla normalità la paralisi svanì ed io tornai a muovermi nella norma. Corpo e mente erano di nuovo collegati, ma io avevo perso il controllo della guida, così come a volte perdevo il controllo della mia pancia.

Non ero ancora pronto per essere alla guida della mia vita, ma avevo iniziato un cambiamento, più risposte erano dietro l'angolo. Dovevo soltanto aspettare.

L'intestino assorbe e rielabora energia

I viaggi astrali mi hanno aperto un mondo sconosciuto che mi ha fatto riflettere molto sugli insegnamenti sbagliati della religione e sul fatto che ognuno di noi ha davvero infinite potenzialità e possibilità.

Lavorando con il mondo onirico, dell'inconscio, della mente, entrai a conoscenza di una semplice pratica che rappresenta il motore ed il carburante per abbandonare definitivamente il mio stato di malato: la meditazione.

La stragrande maggioranza delle persone a me vicine con cui parlo di meditazione non riusco a far capire perché sia importante meditare e quali risultati può creare nella la nostra vita.

Anche se capiscono l'utilità si interrogano se sia davvero efficace ed utile per loro, ma alla fine dicono sempre di no.

Probabilmente il misconcetto di vedere la meditazione come una pratica della religione buddista o comunque associata ad una religione diversa da quella cristiana crea un muro nella mente delle persone abituate a non guardare oltre, imprigionati nei loro preconcetti.

Ma se si introduce la meditazione come una tecnica di respirazione, si può avere successo perché l'italiota è facilmente raggirabile.

Avremo modo di approfondire tecniche di respirazione specifiche per chi è malato di colite, ma anche di altre malattie croniche, l'importante è capire perché queste tecniche hanno realmente successo. La ricerca scientifica ha dimostrato come il nostro corpo possieda tre cervelli che sono interconnessi dalla stessa sottile membrana e sono costantemente in comunicazione tramite milioni di impulsi al secondo.

Ciò che gli antichi definivano "Anima sana in corpore sano" non è nient'altro che questa connessione tra la mente ed il corpo.

Perché l'intestino ha un ruolo così importante?

Tutto ciò che mangiamo, viene digerito dallo stomaco, ma viene poi assorbito dall'intestino che si fa responsabile di scegliere cosa tenere in noi e che cosa eliminare.

Ma oltre a selezionare quali sostanze assorbire, l'intestino ha un altro ruolo, molto più importante, cioè quello di trasformare le emozioni che si sentono con il cuore, ciò che ci rende felici o tristi, ciò che ci piace o ci fa soffrire.

In alcuni casi però l'intestino non funziona bene, tendiamo ad assorbire soltanto ciò che ci rende infelici. Si crea un circolo vizioso, più siamo infelici più mangiamo cibi che alimentano ansia e frustrazione (i cosidetti comfort food) contraendo la parete intestinale che si contorce e chiede aiuto.

Quale è l'unico modo che il nostro organo ha per chiedere aiuto?

Il dolore.

Per notare che abbiamo un problema, dobbiamo sentire un dolore, altrimenti penseremo che va tutto bene, ed è così che l'intestino si irrigidisce, inizia a mandarci segnali con scariche di diarrea, sangue, muco, stipsi e le piacevolissime urgenze!

Purtroppo nella cultura occidentale tendiamo a curare il problema, e non la causa.

Dottori, grandi esperti in ciò, ignorano completamente l'aspetto umano della persona e dopo averti infilato un tubo lungo più di un metro in culo, ti riempono di medicine bombardando il povero intestino di molecole miracolose che in inglese sono chiamate "drugs" (perché le droghe sono sostanze che alterano lo stato psico-fisico della persona ma in maniera legalizzata dai governi. Confondono, sballano la mente dell'intestino cercando di sopperire, distruggere il sintomo.

Ma la causa è ben lontana ed è sempre all'erta, si può soffocare per un breve periodo, ma difficilmente verrà sconfitta per sempre.

Per questo motivo i malati di colite e di malattie croniche devono continuare la terapia a vita, per stordire il proprio corpo senza sconfiggere la causa reale.

Ma che cosa succederebbe se ci fosse un'altra possibilità? Un'altra opzione?

Certo le case farmaceutiche non sarebbero molto contente cosi come l'intero business creato dalla medicina moderna.

Io non sono l'unico al mondo consapevole che esista un'altra opzione, tantissimi ragazzi e ragazze hanno aperto gli occhi ed hanno deciso di intraprendere coraggiosamente una strada purtroppo non consigliata da chi dovrebbe farlo, ma che ci fa entrare in stretta connessione con il nostro corpo e le nostre abitudini.

Si può guarire definitivamente dalla colite, no andare in remissione. Si può e si deve guarire. E' arrivato il momento che il mondo e soprattutto i pazienti di colite ulcerosa sappiano che esiste un modo. Reale. Una cura che non inizia ingerendo pasticche dall'esterno, bensì inizia lavorando su noi stessi.

Considerarsi guariti

Ci vuole coraggio per buttare via le medicine, molto coraggio!

Andare contro le proprie paure è un buon allenamento per acquistare coraggio. Interrompere schemi mentali che ci confinano dentro la nostra vita diventata una gabbia. Se non aumentiamo le nostre percezioni della realtà ed iniziamo a pensare diversamente dalle masse, continueremo a seguire ciò che ci è stato imposto dall'esterno e rimarremo confinati nella nostra gabbia, ignari delle meraviglie che si celano al di fuori.

Aumentando la creatività, l'apertura mentale e la conoscenza, è possibile diventare realmente coraggiosi ed affrontare la vita con un'ottica di infinite possibilità.

Ci rendiamo conto che siamo noi a decidere del nostro presente, della nostra vita, e siamo noi a programmare la nostra mente per il successo o insuccesso.

Sebbene erano già diversi mesi in cui stavo pensando ad un cambiamento drastico nella mia vita, per cambiare la mia condizione di malato c'era soltanto una cosa da fare: dimenticare anzi cancellare del tutto il significato della parola malato.

Iniziai ignorando completamente o rispondendo in malomodo a chi (soprattutto nella famiglia) mi domandava: "come sta la pancia?" ed io "bene perché? che problema dovrebbe avere la mia pancia?". Questa risposta li lasciava stupiti ma loro rincalzando la dose nello specifico: "bhè si insomma, la colite, come stai?" ed io senza battere ciglio e con molta determinazione: "sono completamente guarito e non ho più problemi". Fine della storia.

Dopo un anno di queste risposte secche, scocciate ed incazzate, nessuno più mi chiese mai specificatamente della pancia, ma si limitavano ad un semplice come stai?

Ci volle del tempo prima di far capire ai parenti, alla famiglia, agli amici che non ero più malato, e vulnerabile, ma alla fine il messaggio arrivò forte e chiaro.

Il primo passo dunque è un cambiamento mentale, considerarsi guarito. Non importa lo stato in cui ti trovi, se hai ancora dolori o urgenze. La tua mente può iniziare un cambiamento che la medicina moderna non può spiegare, ma si, è possibile. Ed io come tanti altri ne siamo la prova.

Il secondo passo, è cambiare lo stile di vita con un approccio più salutare.

Quindi si ad attività fisica, specie di tipo aerobico ma anche pesi o sport in generale, purchè ci appassioni e possiamo vedere risultati di cambiamento.

Certamente l'alimentazione deve essere controllata. Io eliminai subito pasta e dolci per quasi due anni prima di reintrodurli ogni tanto (senza mai esagerare però).

Salumi, affettati, formaggi e latte a mio parere sono come mettere la benzina sul fuoco per chi ha la colite, quindi li abbandonai definitivamente (salvo rare eccezioni in cui mi concedevo una amata quattro formaggi).

Infine, il passo più importante, ed allo stesso tempo pericoloso se non si è fatto un buon lavoro di preparazione e soprattutto se non si è al 100% convinti della sua efficacia è: buttare via le medicine di mantenimento. Per sempre, senza guardare più indietro.

Scegliere nel più profondo io di essere liberi. Liberi da una vita condizionata che non ci appartiene, che non è nostra, che il mondo esterno con problemi superflui, ansia, notizie negative, mala informazione ci costringere a vivere.

Una notte a Macao

Macao è considerata la Las Vegas Asiatica, con più alto giro di soldi scommessi ai casino, ma meno party ed estravaganza (i Cinesi vanno dritti al sodo).

E' un luogo misterioso, pieno di attrazioni per gli adulti, Resorts a 5 o 6 stelle che trasudano lussuria e sfarzo, mentre nelle sale da gioco miliardi di dollari vengono scommessi mensilmente.

Durante il concerto o meglio la serata al Pacha, Club in cui si esibiva il famoso DJ Olandese Tiesto ci fu un tavolo che ordinò e face portare 100 bottiglie di champagne. Una bottiglia costava 450 euro, 45 mila euro in nonchalance per qualche ricco vincitore, strisciata di carta e via, senza pensarci troppo.

E' il luogo perfetto per iniziare una nuova vita. A Macao giornalmente c'è chi vince e c'è chi perde, coloro che vincono sono i Casino e pochi eletti, che studiano e si preparano a vincere. Ma il 99% delle persone che giocano è chiaro che, o prima o poi, perderanno tutto ciò che hanno investito fino a quel momento.

Come far parte di quell' 1% che realmente alla fine della giornata può considerarsi vincitore?

Alla base di tutti i successi ci sono tre aspetti presenti anche nel malato di colite ulcerosa che vuole uscire da questa condizione: preparazione, costanza e resilienza.

Bisogna studiare, capire il perché dell'esercizio fisico, l'importanza dell'alimentazione, quali sono le migliori tecniche di meditazione, respirazione, rilassamento che possono davvero aiutarci a guarire. Essere costanti, perché attuare una nuova abitudine una tantum non è mai servito a nessuno; giorno dopo giorno continuare costanti. Le ultime ricerche dell'Università di Londra hanno evidenziato che basta ripetere per 66 giorni filati una nuova abitudine per non avere più alcun problema a mantenerla costante nel tempo. Infine resilienza, la capacità che più di ogni altra accomuna le persone di successo. Ci saranno momenti di difficoltà, di dubbi, di paure, di incertezze, momenti in cui smetterai di crederci o semplicemente vorrai prendere la strada più facile nonostante sia quella che non ti porterà ad essere padrone della tua vita ed a sconfiggere la tua condizione di malato. Ma se avrai resilienza con in mente i tuoi obiettivi, risulterai vincitore e ne uscirai così forte che capirai come la malattia sia stata una benedizione per te. Per aprirti gli occhi e la mente su ciò che è davvero importante nella vita.

A Macao ero solito andare con Irina per perdere qualche centinaio di euro alla roulette, e per ascoltare alcuni dei DJ di musica elettronica più famosi al mondo: Tiesto, Martin Garrix, Armin Van Buren, Hardwell etc.

Appena arrivati al nostro Resort preferito l'Hard Rock Hotel, nella nostra suite con jacuzzi e vista sulla strip dal

33esimo piano, mi resi conto che avevo dimenticato le medicine.

Non le avevo prese la mattina ed ora era troppo tardi per tornare a Dongguan in quanto ci volevano dalle due ore e mezzo alle tre ore di viaggio in base al traffico per strada ed al numero di persone al controllo passaporti al confine.

Pensai: "per due giorni non morirò. Ho talmente tanta mesalazina in corpo che dovrei essere coperto no?".

Poi di colpo mentre stavo proprio pensando a ciò, ebbi una crisi, la pancia iniziò ad aggrovigliarsi tremendamente come mai aveva fatto in passato. Corsi in bagno, diarrea, sangue, dolori allucinanti. Iniziai a sudare incredulo e disperato, non avevo visto sangue nelle feci da due anni, come era possibile ora cosi dal nulla, a Macao, in uno degli hotel più belli in cui sia mai stato, dopo un viaggio di 3 ore in auto in cui non avevo avuto problemi se non due fermate, mi fosse preso un dolore cosi forte?

Le medicine! Non avevo le medicine!

O mio Dio, sapevo che non le avrei potute prendere per altri due giorni interi! La mente stava mandando un chiaro segnale.

Chi gioca a blackjack con due mazzi sa che può vincere contando le carte e calcolando le probabilità di uscita di ogni carta rimasta nel mazzo.

Dopo l'ultima scarica di diarrea mista a sangue, con i crampi alla pancia feci un lungo bagno caldo ad occhi chiusi, cercando di rilassare il mio corpo ed i muscoli ancora contratti.

Infine mi distesi per terra (l'Hard Rock ha una soffice moquette che si presta molto bene) ed entrai in un profondo stato meditativo.

Utilizzai una app, molto comune, che avevo iniziato da poco ad usare e la settai per 60 minuti. Irina nel frattempo era andata a fare shopping (beata lei) in quanto le esplosioni nucleari che stavano avvenendo in bagno non erano certo come la musica di Martin Garrix, anche se il ritmo roboante era probabilmente simile.

Sapevo che non sarei stato disturbato. Rilassando la parete intestinale con la respirazione diaframmatica, la mente faceva molta resistenza all'inizio e non riuscivo a non pensare alla mia condizione di malato, alle medicine, al fatto che il sangue nelle feci è sinonimo di fase acuta.

Insomma c'era un ammutinamento del mio cervello, che in tilt e spaventato aveva messo in allerta tutti i recettori di pericolo ed era pronto al peggio.

Non riuscivo a vedere nulla di positivo,

Poi qualcosa scattò, non sono bene dopo quanto tempo di silenzio profondo, ma come durante il gioco della roulette, con la pallina che impazzita balla tra i vari numeri, l'emozione, l'adrenalina ed un misto di gioia e disperazione mi illuminò di colpo.

Sogno o realtà

Mi ritrovai di fronte a me stesso, seduto a gambe incrociate, i palmi delle mani rivolte verso il cielo e gli occhi chiusi. Era come fossi entrato in un universo parallelo, non ero certo in un viaggio astrale, ma la visualizzazione era chiara nitida, reale. Riuscivo a vedere me stesso di fronte a me, immobile e sicuro di me, radiando una strana e fievole luce di energia pura che avvolgeva ancora più nel mistero questa versione splendente di me stesso

Con timore e riverenza domandai: "Chi sei tu?"

E lui rispose: "Come, non mi riconosci? Io sono tu, o meglio sono il tuo super io"

"Che cosa vuoi dire? Tu sei il mio super io?"

"Io sono la più alta proiezione di te stesso. Sono te, colui che non ha paure, non ha limiti, che vive nell'abbandanza ed in infinite possibilità. Colui che tutto può"

"E perché hai questa luce intorno a te?" domandai

"Questa è la mia aurea, rappresenta la mia energia vitale e mi permette di viaggiare nelle spazio tempo. Tutti noi ne possediamo una, la mia è luminosa perché ha un'energia ed una frequenza vibratoria collegata alla pura energia dell'Universo" e proseguì "Posso notare che tu non hai questa aurea e sei molto pesante. Incollato al mondo in cui vivi e saldato a terra con tanti misconcetti, paure e limiti."

"Io sono malato" dissi "E vivo in un mondo che odio e che ogni giorno mi ricorda di avere dei problemi e di stare male".

"So bene ciò che provi" continuò il mio super io "seppure tu non mi vedi, io sono sempre, costantemente presente con te in questo livello vibratorio. E riesco a sentire ciò che tu senti, vedere ciò che tu vedi, e provare ciò che tu provi."

"Che cosa intendi per questo livello vibratorio? Ce ne sono altri?"

"Certamente, ci sono infiniti livelli vibratori che connettono l'universo coesistendo nello stesso spazio tempo ma ad intensità di massa e frequenze differenti".

Non capii e domandai: "Quindi io, sono in più livelli vibratori? Che significa?"

"Significa che tu, sei in infiniti livelli vibratori, e come l'Universo, tu sei una forma di energia infinita."

Rimasi in silenzio, perplesso ed incredulo. Poi il mio super io proseguì: "Ciò che tu credi reale, non è altro che l'insieme di segnali dell'ambiente esterno che si riflettono in questo livello vibratorio perché tu li percepisci come tali. Ma in questo stesso istante, infinite proiezioni di te stesso stanno vivendo e percepiscono segnali completamente diversi dall'ambiente esterno perché ad un diverso livello vibratorio."

"Capisco" affermai titubante ". Quindi significa che io sono intrappolato qui?"

"No" rispose "vedi, questo è ciò che pochi conoscono ed utilizzano a proprio favore. Essendo un essere infinito, tu sei libero di innalzare (o abbassare) il tuo livello vibratorio e vivere la vita che hai sempre sognato e voluto nel profondo."

Inizia dal silenzio dentro di te

Le sue parole mi rimasero impresse per diverse settimane continuai a pensare al nostro incontro e a cercare un modo per innalzare il mio livello vibratorio e vivere una vita libero dalla malattia.

Iniziai a studiare e a documentarmi.

Ciò che capii è che la meditazione è un allenamento della mente e può aiutare ad entrare più in connessione con noi stessi.

Quindi partii dalle basi, essendo un preparatore atletico so bene che se si vogliono ottenere risultati bisogna allenarsi e soprattutto bisogno imparare alla perfezione i fondamentali.

Nel mondo occidentale la meditazione è vista come una pratica quasi esoterica, collegata alla religione buddista o comunque ad una filosofia orientale.

Questo concetto è frutto dell'ignoranza totale della nostra cultura che tende sempre a mettere delle etichette e ad assegnare un valore concreto a tutto, anche ciò a che non si può e non si deve classificare come tale.

Fortunatamente le persone stanno cambiando, si stanno evolvendo ed ora anche il mondo occidentale ha capito l'importanza di inserire quotidianamente la meditazione come pratica per allenare la mente, l'attenzione, il coraggio, il desiderio, la creatività, trovare il vero scopo nella vita e connettersi con il proprio super io.

Consilgio in maniera spassionata ai malati di malattie croniche come la colite ulcerosa di iniziare un percorso giornaliero di meditazione, per prendere coscienza del proprio corpo e scoprire come la mente possa influenzarlo in maniera inaspettata.

Dopo l'incontro con il super io, iniziai ad utilizzare quotidianamente la app per 10 minuti al giorno, solitamente la mattina appena svegliato.

In questi anni ho utilizzato diverse app, dalle quali ho imparato molto, ed ognuna ha delle tecniche simili ma dei concetti diversi.

La mia lista delle migliori 5 applicazioni secondo la mia esperienza:

Headspace

Calm

Chopra (attualmente sto utilizzando questa)

Meditopia

FitMind

Entrare in contatto più a fondo con il proprio corpo, considerarlo non soltanto come ciò che guida le nostre giornate, ma una manifestazione della nostra mente e dei nostri pensieri è essenziale per uscire dalla condizione di malato. Siamo noi a creare la nostra realtà, è la nostra mente a proiettare ciò che vogliamo vedere, sentire, toccare.

Iniziare a meditare non è un percorso facile né immediato. Ma come tutte le cose che sono importanti nella vita, richiede pratica, pazienza e dedizione. La meditazione calma la mente, per cui nei momenti di panico in cui disperati cerchiamo un bagno in cui andare a cagare per non farcela addosso, avere una mente allenata, che riesce a calmare il nostro corpo è di vitale importanza.

Sappiamo che 10 secondi possono fare la differenza tra continuare la giornata sereni ed una catastrofe nei pantaloni con abbassamento della stima che abbiamo di noi stessi.

La mia rinascita spirituale

In Tailandia i bagni pubblici non sono esattamente i più belli e confortevoli. Specie se non parli la lingua e ti trovi nel mezzo di un'urgenza. Forse lo sbalzo di temperatura tra interno con aria condizionata a palla ed esterno con più di 40 gradi può aver causato il forte dolore ed una urgenza incredibile.

Mi ritrovai in una strada di Bangkok alle 7 di mattina in macchina, con la mia futura moglie imbottigliato nel traffico e con tutti i ristoranti ancora chiusi.

Crisi, crisi vera.

Avevo due opzioni: la prima era trovare un bagno e correre a cagare, sperando che fosse libero; la seconda opzione era farmela addosso in macchina con un taxista tai che mi avrebbe sbattuto fuori ma soprattutto significava mostrare la mia più grande debolezza ad Irina.

Inizio a cedere, divento bianco (ancora di più di come solitamente sono) mi racchiudo in me e dico ad Irina: "non ce la faccio, ho troppo male, devo andare in bagno".

Cerco di comunicare al tassista che devo andare in bagno, ma lui sembra non curarsene e si limita a rispondere "I no understand". Vuoi ti cago in macchina? Ecco che all'ennesimo semaforo rosso intravedo un bagno pubblico! La mia salvezza!

In fibrillazione, non curante dei motorini e tricicli che sfrecciavano ai bordi della strada, emozionato nel pregustare l'urgente ed imminente momento di evacuazione intestinale, mi precipito come un falco sulla preda.

Sulla porta dei bagni pubblici, una piccola signora mi fa capire che il cesso è a pagamento (cosa non lo è oggi giorno?) e non curante del mio stato e del dolore che stavo provando non transige, 5 bath è la cifra da pagare. Non ho spicci, e quindi sono costretto a lasciare 100 bath, ma in quel momento avrei potuto pagare anche 1000 bath e mi catapulto nel bagno!

Nonostante ci fosse la mastra a tenerlo pulito, il gabinetto era composto soltanto di 4 latrine e 2 WC. Nel primo c'era del vomito tutto intorno e del sangue nel muro e per terra come se qualcuno fosse stato accoltellato lì 10 minuti prima, mentre l'altro era intasato e pieno paro di piscio e merda.

Grazie tante! 100 bath per vedere una scena da film horror.

Ebbi come un blocco alla vista del bagno, un senso di disgusto e schifo.

Il corpo mandò una scarica di adrenalina che bloccò di colpo tutto il mio sistema nervoso e la sensazione di non avere più l'urgenza di cagare. Strano, molto strano. Pensavo di essere malato di colite, pensavo che ogni situazione come questa terminasse con una evacuazione impossibile da controllare perché come mi era stato raccontato una delle caratteristiche del malato di colite ulcerosa è quella di non poter controllare il proprio sfintere!

Nel frattempo la macchina stava aspettando con l'autista incazzato perché non poteva fermarsi in quel punto della strada. Fortunatamente Irina gli aveva dato un extra mancia cosi da calmarlo.

Via, ripartiamo. Irina mi domanda se fosse tutto apposto. Io le racconto la scena dei cessi e l'improvvisa scomparsa del sintomo, ma ecco che mentre racconto nuovamente la storia e la ripercorro con la mia mente, d'improvviso l'urgenza inizia di nuovo, e con forti dolori!

Ottimo, ci risiamo, d'altro canto sono un malato di colite ulcerosa.

La mia mente era stata, ancora una volta, sopraffatta dall'idea che io fossi malato e l'urgenza era la conseguenza.

Questa volta fu Irina a calmarmi, mettendomi una mano sulla pancia e dicendomi che andrà tutto bene. Io chiusi gli occhi ed iniziai a respirare profondamente e contare i respiri, 1…10…100…

Fino a quando la macchina si fermò, pagammo con extra mancia e ci recammo all'ufficio del dipartimento degli affari esteri tailandese per richiedere dei documenti che ci sarebbero serviti a certificare il nostro matrimonio.

Dovevamo avere questo certificato in lingua Tai da tradurre e portare alle nostre rispettive ambasciate di Italia e Russia.

Le ambasciate avrebbero poi rilasciato altri documenti da tradurre in Tai e riportare a questo stesso ufficio che avrebbe infine emesso un documento ufficiale da far firmare al cerimoniere.

Dopo la firma del cerimoniere saremmo dovuti tornare a Bangkok e rifare tutto il percorso inverso, quindi ufficio tai, traduzione, ambasciate, traduzione, ufficio tai, ambasciate.

Se state pensando di sposarvi in Tailandia, considerate una settimana prima del matrimonio ed una o due settimane dopo il matrimonio per avere tutti i documenti ufficiali.

Sposarsi a Koh Samui è stata la più bella avventura della mia vita.

Oltre ad essermi unito con una splendida persona, abbiamo vissuto una cerimonia molto intima con le nostre famiglie e gli amici più cari. Soprattutto per tre settimane ci siamo divertiti in una delle isole più belle al mondo. La burocrazia a Bangkok non è stato un passo semplice, ma tutto ciò che inizia in maniera difficile, termina sempre con un gran finale.

A celebrare la nostra cerimonia fu Paulo Rambo, un misterioso, eloquente sciamano originario delle Hawaii che ci venne introdotto dalla nostra wedding planner.

Con Paulo fu connessione a prima vista. Nel nostro incontro pre matrimoniale fece una domanda molto semplice ma che mi diede spunto per una profonda riflessione.

"Che cosa governa la nostra vita?"

Non riuscii a trovare la risposta giusta, i soldi? Il lavoro? La famiglia? La religione? Ma che vuole questo con questa domanda?

"I pensieri, i nostri pensieri governano la nostra vita". Ci fu una pausa e si accorse della mia faccia meravigliata, poi proseguì: "Tutto è energia, ed i nostri pensieri sono la fonte primaria da dove inizia questa energia. Tutto ciò che ci circonda ha avuto origine nella mente, un'idea, alla quale ne è conseguita un'azione."

Questo concetto, a me prima sconosciuto e sul quale non avevo mai riflettuto, mi travolse con semplicità e leggerezza in un "ah-ah moment" che proseguì poi con un più profondo ed accurato percorso di crescita spirituale e personale con Paulo.

Rimanemmo infatti in contatto e per circa 4 anni dopo il matrimonio abbiamo lavorato online su skype con cadenze bisettimanali o mensili.

Paulo è stato un grande mentore e maestro, che mi ha insegnato realmente a pregare, introducendomi ad una meditazione più profonda, ma soprattutto ad una spiritualità vera, pura, fondata sulla connessione di tutti gli esseri viventi alla stessa fonte di vita.

Tutto è possibile. Avevo bisogno di questo per raggiungere i miei sogni e realizzare il mio più grande obiettivo.

Ciò per cui sono nato, ma può essere realizzato solamente una volta uscito dalla mia schiavitù di malato e soprattutto una volta connesso con il mio io interiore, il mio super io.

Incontra il tuo Super Io

Quello che segue è un esempio di come entrare a contatto con la parte superiore del nostro io, la stessa che molte volte reprimiamo o non vogliamo ascoltare. Ma è anche la parte più vera di noi, quella che conosce tutte le nostre paure ma allo stesso tempo sa benissimo di cosa siamo capaci.

Non tutti però riescono a connettersi con il nostro super io, c'è bisogno di impegno e dedizione per eliminare gli strati sottili di pregiudizi, insegnamenti sbagliati, opinioni esterne, influenze negative cha hanno avvolto la nostra anima rendendola debole, insicura e soprattutto lontana da chi siamo realmente.

Se il lettore non ha mai meditato, fatto delle riflessioni profonde, o lavorato con una/o psicoterapeuta o sciamano/a dubito che possa appieno comprendere la potenza, meraviglia e magia di ciò che sta per seguire, ma ripetendo più volte l'esercizio sono sicuro che le domande poste ed i dubbi, daranno vita ad un ardente desiderio di seguire la strada.

Consiglio a tutti dopo aver letto questa parte una prima volta, di chiudere gli occhi e fare del proprio meglio per visualizzare la scena nuovamente nella propria mente. Se avete la possibilità, fatevi leggere da qualcuno soltanto i dialoghi in cui Paulo interagisce con me e rispondete con ciò che sentite dentro di voi. Non dovete per forza dirlo a voce alta se non volete che il vostro interlocutore vi ascolti. Ma date il tempo alle risposte di venire da dentro, ed ascoltate con cuore aperto ciò che sta succedendo in voi.

Iniziamo.

"Chiudi gli occhi e rilassa la tua testa ed il collo, le spalle, le braccia. Respira normalmente e rilassa l'addome e le anche, le cosce ed i polpacci. Infine rilassa le caviglie ed i tuoi piedi. Sei completamente rilassato/a ed ora immagina sopra di te un cielo meraviglioso.

Nel cielo appare una bolla colorata. Si avvicina lentamente a te. Senza esitare la attraversi ed entri dentro. La bolla ha un colore spaziale che riempie gli occhi. Inizi a prendere quota e a volare sopra mari, colline, città e montagne. Ecco che finalmente la bolla inizia a scendere e si ferma su una spiaggia meravigliosa, con una fitta vegetazione che prosegue fino ad un vulcano fumante che puoi intravedere sopra le altissime palme.

Uscito dalla bolla, ti fermi ad ammirare il colore dell'acqua del mare, blu, azzurro, come non avevi mai visto prima. Puoi ammirare dei pesci vicino la riva ed i delfini che giocano tra le onde poco più in là che con la loro melodia accompagnano i tuoi passi. Ecco che durante il tuo cammino appaiono in lontananza tre figure che stanno camminando proprio verso di te.

Mentre si avvicinano ne riconosci due di queste, sono delle persone speciali per te, puoi dirmi chi sono?"

"Mia nonna Emma e mio zio Roberto"

"Si, sono loro. Ti abbracciano sono molto felici di vederti e che cosa ti dicono?"

"Finalmente sei arrivato, ti stavamo aspettando. Sei tu il prescelto ed è per questo che stai soffrendo in questo momento. Non aver paura, siamo sempre con te e ti guideremo nella strada che ti porterà incontro al tuo destino. Ma tu ascolta e seguici."

"Molto bene, c'è anche un'altra figura che tu non conosci che ti sorride perché sembra conoscerti molto bene. E' la tua guida spirituale. Puoi descrivermela?"

"E' un uomo con una cicatrice sul volto, molto simile a colui che avevo incontrato nel mio sogno astrale, indossa una lunga tunica, la sua pelle è grigia e si chiama Akbar"

"Ecco che si avvicina, ti abbraccia e ti da il benvenuto. Qui sei sicuro, qui puoi realizzare qualsiasi cosa. Qui potrai costruire il tuo futuro e potrai lasciando andare il peso del passato. Seguici e fidati di noi, perché sei un guerriero e puoi raggiungere tutto ciò che desideri nella vita reale.

Dopo queste parole vi incamminate insieme verso una casa in legno a forma esagonale sulla spiaggia che potevi già intravedere. C'è un giardino bellissimo fatto di piante e fiori tropicali. Le palme alte e rigogliose rendono il luogo incantato avvolgendolo di magia.

Entrate e l'interno è riccamente decorato in legno con un divano a forma circolare al centro. Il tavolo in mogano è una scultura meravigliosa, vi sedete per bere un tè.

Tutto intorno ci sono dei quadri, delle foto ed ornamenti che tu conosci molto bene.

Questo è il tuo luogo segreto. La tua guida ti spiega che lo è sempre stato. Puoi cambiare arredamento, forme e materiali ogni volta che vuoi, ma questo luogo manterrà sempre la forza ed il mistero di poter creare ciò che realmente vuoi.

Qui potrai entrare in contatto con il tuo super io e scoprire chi sei realmente.

Le due persone a te care, sorridono, ti abbracciano salutandoti con affetto. Che cosa ti dicono?"

"Non aver paura, noi saremo sempre qui ogni volta che vorrai".

"Ora la tua guida ti invita a sorseggiare ancora del tè insieme a lei prima di alzarsi e dirti: Rimani qui, chiudi gli occhi e conta lentamente fino a 10, dopodichè se tu lo vorrai, sarai libero di andartene."

Dopo una pausa di 10 secondi Paulo prosegue:

"Aperti gli occhi, con grande sorpresa vedi te stesso, esattamente di fronte a te. Sembra molto più giovane però, con una pelle liscia e radiante. Un'aurea d'orata contorna la sua figura. Ti sorride e con voce profonda esclama: ti stavo aspettando. So che hai delle domande per me. Sono qui per darti le risposte di cui hai bisogno e che ti aiuteranno ad affrontare la vita verso la tua più grande missione. Dimmi dunque, che cosa vuoi domandare al tuo super io?"

"Quale è il mio scopo nella vita?"

"Il super io emana ora una luce diversa, ancora più luminosa, emette quattro respiri profondi con una tecnica indiana chiamata "Kali Mudra" per ricevere dall'universo il messaggio e poi risponde. Dimmi ciò che il super io ti sta comunicando ora"

"Quello di aiutare più persone a raggiungere i propri obiettivi. Creare un nuovo sport che possa favorire le nuove generazioni a praticare più attività fisica abbinata alla tecnologia"

"Dopo queste parole, il super io si mette in posa meditativa e con gli occhi chiusi ti fa un cenno di continuare con la seconda domanda, vai avanti"

"Come posso guarire dalla mia malattia?"

"Dopo questa domanda, il super io cambia ancora colore della sua aurea che ora diventa viola, e grazie ad una rapida respirazione diaframmatica ecco che comunica la sua risposta. Che cosa ti dice?"

"La tua malattia inizia dalla tua mente. Liberati dalla condizione di malato che non appartiene a te, ma al mondo fisico in cui tu vivi. Tu sei molto più di ciò che puoi vedere. Tu sei un essere infinito.

Ciò che tu consideri come un malato, non è altro che la proiezione dei tuoi pensieri e del tuo subconscio, cambia i tuoi pensieri e cambierai la tua condizione. Datti degli obiettivi giornalieri, settimanali e mensili. Segui un'alimentazione sana e bilanciata. Fai attività aerobica e la malattia se ne andrà così come è apparsa."

"Ecco che il super io si alza e si avvicina a te a 5 centimetri dal tuo volto. Ti guarda dritto negli occhi e sussurra: tutto inizia e finisce con te. Che cosa è davvero importante nella tua vita? Sei sulla giusta strada, non dimenticare mai che ogni esperienza o difficoltà che incontrerai è per il tuo bene. Se vedi le paure come limiti, ti schiacceranno. Ma se le consideri come ostacoli, le supererai.

Oltre le tue paure si celano i tuoi sogni, i tuoi grandi risultati, la vita che hai sempre desiderato e che meriti. Guarda bene. Io sono te. So che nello spazio tempo noi due siamo una cosa sola. Per cui ti dico, non temere e credi in te stesso, perché ciò che tu puoi pensare esiste già.

Passa dal pensiero all'azione e potrai realizzarlo."

Detto ciò la sua luce si fece ancora più chiara ed il suo corpo perse forma scomparendo lentamente come fosse uno spettro, dopo un sorriso fece un passo avanti ed entra dentro di te."

Ora conterò da 20 a 0. Quando arriverò a zero tornerai nel momento presente

Tutto sembrava puntare l'attenzione su di me. Come se avessi davvero il potere di essere libero dalla malattia. Come se davvero la mia mente potesse innescare un processo di autoguarigione. Ma fino a quando avevo persone intorno a ricordarmi di essere malato non avrei potuto farcela.

Aver buttato le medicine di "mantenimento" credo sia stata una delle scelte più coraggiose della mia vita, ma anche quella che mi ha permesso di riacquistare la mia libertà. Per troppi anni sono stato legato alla condizione di malato prendendo 6 pasticche al giorno per prevenire un fantasma che era soltanto nella mia mente e non più nella mia pancia.

Oggi, dopo circa 6 anni da quella decisione sono nel pieno della mia forma fisica e mentale. Non sono mai stato meglio in vita mia fisicamente, mentalmente e spiritualmente.

Non è merito delle medicine, ma non è neanche perché le ho buttate e maledette.

E' frutto di un percorso interiore, di presa di coscienza dell'essere, di chi sono e di come sono fatto. Credo che questo debba essere il fine ultimo di ognuno di noi, entrare in contatto con il nostro super io, conoscerci davvero e scoprire che cosa possiamo fare per il prossimo e per migliorare il mondo in cui viviamo.

Capire come respirare, come mangiare, come fare attività fisica e come recuperare dopo l'attività fisica, come relazionarsi con le persone intorno a noi, come affrontare situazioni di stress, come superare i problemi, come rimanere immobili con il sorriso quando la vita ti tira addosso pietre o macigni e non puoi schivarli ma devi andarci soltanto di petto. Incontro ai problemi, alle sfide, alle tue paure. Ma se diventi un guerriero, non perdi il sorriso, anzi, quando i problemi arrivano sei felice perché sai che ogni problema rappresenta un'opportunità di crescita, e allora gridi ancora! Ancora! E sei felice, godi della sensazione di temporanea sconfitta perché pregusti già il momento in cui sarai di nuovo in piedi più forte di prima.

Ho imparato a fare tesoro di ogni momento difficile al punto di volerne sperimentare il più possibile.

Dopo ogni difficoltà c'è la crescita, se sapremo guardare con profondità e con pienezza mentale, e soprattutto se sapremo accettare noi stessi.

Essere malato di colite ti debilita, ti distrugge fisicamente e psicologicamente. Ti costringe a non guardare oltre a non pensare oltre, ma credere che per il resto della tua vita tu sarai costretto a rimanere in quella condizione fisica debilitante.

Avere e sentire una spada di Damocle sopra la testa, pronta a complirci perché la scienza ci dice che non guariremo mai. Ma la scienza non riesce a capire il perché inizi la retto colite ulcerosa.

Io credo che uno dei possibili motivi che accende la malattia in età adulta sia quello di voler per forza controllare ogni cosa della nostra vita. Vivere con l'illusione che tutto debba andare nel modo che ci aspettiamo, che desideriamo perché crediamo sia la cosa giusta per noi. Ma quando le cose non vanno come vogliamo, e nella vita spesso accade che le cose vanno nel verso che a noi sembra sbagliato in quel momento, tendiamo a sopprimere la sensazione di malessere derivata dalla singola situazione nella nostra pancia. Questa repressione porta inevitabilmente ad una perdita di controllo che può sfociare in una malattia cronica come la colite.

A volte la vita non può essere predetta o controllata sempre. Dobbiamo rilassarci, sederci ed osservarla da lontano o semplicemente osservarla senza giudicare.

Farci portare dove siamo destinati ad andare, senza forzare le situazioni oltre un certo limite. Se riusciremo ad accettare questo, il nostro intestino si rilasserà, le tensioni ci lasceranno essere padroni delle nostre scelte e la vita inizierà a sorriderci di nuovo come ha sempre fatto.

Ma con la mente libera, finalmente riusciremo a vedere.

Momo, come cambiare il nostro stato

Quante volte diventiamo schiavi della nostra mente?

Credo sia molto comune essere influenzati negativamente da un pensiero inizialmente piccolo e insignificante, che però con il tempo diventa un macigno talmente grosso da schiacciarci e rovinare relazioni tra persone, parenti, genitori, amici e amanti.

E' incredibile come la nostra mente possa distruggere le relazioni da qualcosa di banale.

A Dongguan nel 2016 arrivò un vecchio allenatore serbo di nome Momo.

Momo, seppure con le migliori intenzioni di allenare i giocatori, si intromise con il mio lavoro di preparatore. La scuola serba è a detta di molti la miglior scuola cestistica in Europa. In passato furono gli allenatori Serbi a girare l'Europa per insegnare una filosofia di pallacanestro vincente, efficace e fatta di duro lavoro.

Non ero pronto per ricevere Momo. Ero molto sicuro delle mie conoscenze, di ciò che facevo, della mia esperienza e dell'appoggio ed il rispetto della società per la quale avevo lavorato già quattro anni.

Momo dall'alto della sua esperienza (più di 40 anni) prima da giocatore poi da allenatore, entrò come si dice in gergo calcistico a gamba tesa.

Dopo due mesi per convivere con Momo dovevo seguire il suo programma in sala pesi. Questo fatto oltre che a farmi rodere il fegato, sentendomi inferiore, mi dava estremamente fastidio tanto da pensare seriamente di abbandonare tutto, perché ero stato deprivato del mio potere decisionale, del mio lavoro e della mia professionalità.

Il metodo Serbo sarà anche la scuola migliore in Europa, ma non funziona in Cina, almeno la parte in sala pesi.

Un giorno l'allenatore Cinese ci convocò in riunione perché non era contento dello stato fisico dei ragazzi che non facevano abbastanza squat (che io sapevo bene essere colonna portante della preparazione fisica in Cina, ma Momo evidentemente no e non mi ascoltava).

Ero furioso con Momo perché per colpa sua, ora i Cinesi criticavano il mio lavoro.

La pancia iniziò a farsi sentire.

Quei dolori di avvertimento iniziali. Fitte, crampi, diarrea, sensazioni di malessere ed infine qualche urgenza.

Non ero tranquillo, nonostante in quel periodo meditavo ogni giorno.

Andavo a lavoro con il mal di pancia e con la rabbia, tanta rabbia ogni volta che vedevo Momo.

Stavo facendo qualcosa che amavo fare fino a 4 mesi prima, senza passione, anzi ora con ripudio. Un giorno esplosi!

Ci fu un ulteriore meeting ancora con gli allenatori in cui dissi di voler essere licenziato se le cose fossero rimaste cosi.

Non potevo più andare avanti in questo clima ostile, la mia vita e le mie certezze stavano crollando.

Ciò che non avevo capito e considerato era che tutto inizia da me.

Al tempo avevo iniziato a leggere i libri di Deepak Chopra e Eckart Tolle, due dei più grandi filosofi moderni e persone spirituali.

E' dai loro libri e dai loro video online che iniziai ad apprendere il potere che le affermazioni possono avere nella nostra vita. Cioè come il ripetersi di frasi in continuazione dentro la nostra mente possa cambiare in meglio il corso degli eventi.

I buddisti sono soliti recitare i mantra con questo scopo, cioè quello di influenzare la realtà che ci circonda.

Cosi iniziai a recitare "Om Mani Padme om" le mattine mentre portavo a spasso il cane, in quanto mi rilassava farlo e la musica di questo mantra è molto piacevole.

Pensai di fare lo stesso con Momo e la situazione che si era creata, per vedere se realmente esistesse questo principio di auto suggestione (che tra l'altro è uno dei modi per raggiungere il benessere economico di cui si parla in un libro che consiglio vivamente "Think and grow rich").

Recitare un mantra (o un'affermazione) che potesse in qualche modo aiutarmi con la tensione e nervoso che avevo ogni volta che vedevo Momo e migliorare anche il nostro rapporto.

Decisi per una settimana intera di ripetere durante gli allenamenti del pomeriggio "Io e Momo siamo migliori amici, io e Momo siamo migliori amici, io e Momo siamo migliori amici ….."

Facevo questo per 2-3 minuti senza pause 5 o 6 volte nel corso delle due ore di allenamento.

A volte anche per più di 5 minuti di fila.

Dopo una settimana circa, incredulo, il mio rapporto con Momo iniziò a cambiare davvero.

Improvvisamente smisero le discordanze, iniziammo a parlare senza quella sensazione di odio, rivalità. Ci fu un apertura da parte sua incredibile. Ciò che prima voleva impormi di fare, ora era soltanto un suggerimento.

La sua voce non aveva rancore, era più calma e soprattutto aperta per la prima volta ad un confronto costruttivo.

Che diamine è successo? Che razza di stregoneria è? Non potevo credere che soltanto in cosi poco tempo avessi potuto raggiungere questi risultati inimmaginabili soltanto una settimana prima.

Poi riflettei meglio.

Era Momo ad essere veramente cambiato? No

Assolutamente no. Momo non era cambiato neanche un po'. Ero io che avevo cambiato il mio modo di pormi. Il modo di parlare, di gesticolare, di guardare, di rapportarmi con lui.

Ciò che ne seguì non era nient'altro che la naturale risposta al mio nuovo comportamento. In questa situazione ebbi un ulteriore conferma. Siamo noi che creiamo la nostra storia. Siamo noi che decidiamo di essere o meno felici. Siamo noi ad avere il potere di stare bene fisicamente.

Lo stesso principio utilizzato per diventare il miglior amico di Momo (mi regalò una bottiglia di grappa Serba per il mio compleanno), si può e deve essere applicato anche ad altre situazioni della vita per cambiare il nostro modo di relazionarci con queste.

Le affermazioni sono un'arma potentissima che la maggior parte di noi non conosce, o semplicemente considera inefficaci.

Vi invito a provare.

Un'altra affermazione che utilizzo spesso per trasformare quello che è cattivo in buono, è grazie alla tecnica Hoponohono (dalla tradizione hawaiana) che letteralmente significa tramutare il cattivo in buono ed è la successione di queste semplici affermazioni: "scusa, per favore, perdonami, grazie, ti amo". E' incredibile come applicando questa specifica frase in situazioni di conflitto, riusciamo a cambiare il momento e ad avere meno tensione ma soprattutto una risposta favorevole a noi.

Non è una frase magica, e non cambia di certo la situazione che ci troviamo di fronte riportando in vita persone o cancellando traumi o torti che abbiamo subito. Ciò che ha il potere di cambiare è la nostra percezione di quello che stiamo affrontando.

Perché l'affermazione che ripetiamo continuamente dentro di noi , andrà a sincronizzare la nostra mente e soprattutto il nostro subconscio su quelle parole.

Ecco che situazioni di ansia, stress, rabbia, perdono forza di fronte a queste parole. Nella nostra cultura ci sono 2 frasi che vengono ripetute in situazioni di rabbia:

- fai un respiro profondo, calmati

- conta fino a dieci

Secondo voi sono realmente efficaci?

No.

Semplicemente mandano la rabbia dentro al nostro corpo dove si accumulano fino al giorno in cui dieci secondi non basteranno, oppure il respiro profondo sarà talmente profondo da diventare perenne.

La vita è un dono, dobbiamo realmente imparare a farne tesoro, ma fino a quando saremo focalizzati soltanto sull'avere piuttosto che sul dare, sarà difficile comprendere veramente il significato più alto e superiore di vita. Credo che la malattia, la colite, sia anche un dono e possa rappresentare per molti una chiamata. Ad aprire gli occhi, A non accettare la propria condizione e ad iniziare un percorso di crescita personale e di miglioramento.

La vita accade soltanto ora

Ciò che nel 2005 quando mi è stata diagnosticata la colite ulcerosa, sembrava impossibile, ora è realtà.

Una vita avventurosa, a volte folle, piena di incertezze, sorprese, colpi di scena, imprevisti, problemi, sfide e spiagge tropicali, ma soprattutto non limitante.

Se chi ora sta leggendo è affetto da colite ulcerosa e vi state scoraggiando, o vi siete ormai assuefatti all'idea che sarete per sempre in questa condizione, voglio darvi un chiaro messaggio.

"Non è la malattia a decidere la vostra vita, siete voi che avete il potere di decidere ciò che volete da questa realtà che chiamiamo vita, un susseguirsi di momenti indipendenti e concatenati l'uno con l'altro. A volte cambiando alcuni di questi singoli momenti creati dalle nostre decisioni, possiamo stravolgere ciò che è collegato ad una singola scelta.

La tensione, l'ansia, si possono controllare e far proprie amiche; le urgenze si possono far sparire o strategicamente limitare cosi da non essere una ghigliottina che influenza negativamente qualsiasi vostra decisione. Siete voi a decidere che cosa fare, come farlo e perché.

Oggi potete scegliere di essere liberi.

Nell'appendice finale ho elencato diversi tipi di dieta che mi hanno aiutato. Vorrei però precisare che non sono nutrizionista ma ho seguito i consigli e gli insegnamenti di diversi dietologhi in persona ed online fino ad arrivare ad una mia dieta che fondamentalmente è molto salutare ed utilizza anche diversi integratori a supporto.

Suggerisco vivamente di iniziare a praticare Yoga con costanza ed intenzioni come ulteriore aiuto per il rilassamento della parete intestinale ed il rinforzo della connessione tra corpo e mente.

Se vi è piaciuta l'esperienza riportata con Paulo e volete sperimentare ed accedere al vostro super io, sono disponibile gratuitamente ad aiutarvi con delle meditazioni guidate via Skype o Whatsapp.

Conclusione

Questa è la mia storia. Un ragazzo diagnosticato nel Maggio 2005 con Retto Colite Ulcerosa che tramite un percorso di crescita fisica, mentale e spirituale è riuscito a sconfiggere la malattia.

Non sono il primo, né l'unico che lo ha fatto, sicuramente non l'ultimo. Ci sono tanti altri esempi di persone coraggiose che hanno capito come guarire dalla malattia in maniera naturale, sperimentando sul proprio corpo ciò di cui realmente abbiamo bisogno, facendo ricerche, studiando e avendo fiducia che si può e si deve guarire.

Potete trovare nell'appendice un elenco di youtuber, volgger od autori che hanno anche loro superato la colite in maniera del tutto naturale e da cui potete prendere fiducia ed ispirazione.

Non sono un dottore e non dico che le medicine non servono a nulla.

Ci sono casi in cui probabilmente sono indispensabili (soprattutto nelle forme che purtroppo si verificano nei bambini), ma ciò su cui vorrei far riflettere è questo:

Tutto inizia dal tuo corpo. La malattia è una reazione naturale ad uno stimolo fisico e/o psichico del tuo corpo.

Puoi ristabilire l'equilibrio psico-fisico sempre, se lo vuoi. In quanto l'universo è fatto di materia ed energia, nulla si distrugge ma tutto si trasforma. Ma per trasformare la materia ci vuole sempre un'intenzione per utilizzare l'energia a tuo favore.

Non è semplice né immediato, ci vuole tempo, dedizione e la convinzione che tu sei padrone della tua vita e che puoi realmente cambiarla.

Il percorso potrebbe essere diverso per ognuno di voi. Certo è che le basi sono essenzialmente tre:

una dieta consapevole ed equilibrata

attività fisica

consapevolezza della propria forza mentale

Non posso accettare che in un mondo in cui la fisica quantistica va definendo nuove che esistono i cosiddetti multiversi e quindi abbiamo potenzialmente infinite possibilità, l'unica opzione che la medicina "moderna" da al malato di colite sia prendere 6 pasticche, di una molecola chimica fatta in laboratorio, al giorno per tutti i giorni della vita.

Cambiare si può, ci vuole coraggio, ma si può.

Se sei arrivato fino a questo punto del libro, significa che vuoi farlo anche tu.

Sicuramente una parte di te ora ha paura e ti sta sconsigliando con tutte le forze di prendere la strada in salita così incerta e pericolosa. Ma se prendi la strada facile, quella della comodità, non sarai mail libero di nuovo.

Ascolta l'altra voce dentro di te, quella più sottile che a volte tendiamo a spingere in fondo in fondo la nostra pancia per non sentirla. Ti sta indicando quella piccola strada in salita nascosta dai cespugli. E' un sentiero non tracciato, nuovo, perché sarai tu a doverlo tracciare.

Puoi notare in lontananza la montagna, maestosa, regale, piena di sfide.

Ma tu ora lo sai che quella montagna si può scalare, ed hai tutti gli strumenti per farlo.

Incamminati tenendo presente ogni giorno dei meravigliosi paesaggi che vedrai dalla cima e che ti premieranno per il resto della tua vita.